A プレーンTシャツ

- **A1** プレーンTシャツ …P.10 作り方 P.34
- **A2** ハイネックシャツ …P.11 作り方 P.38
- **A3** パフスリーブシャツ …P.12 作り方 P.39
- **A4** ショールカラーシャツ …P.24 作り方 P.40
- **A5** ノースリーブシャツ …P.11 作り方 P.41
- **A6** フリルつきシャツ …P.13 作り方 P.62

B ラグランTシャツ

- **B1** ラグランTシャツ …P.14 作り方 P.42
- **B2** ラグランステッチTシャツ …P.15 作り方 P.44
- **B3** ラグランカーディガン …P.16 作り方 P.45
- **B4** ラグランタートルネック …表紙, P.22, 23, 26 作り方 P.46
- **B5** ラグランパーカ …P.17 作り方 P.47

C カーディガン

- **C1** ボレロ風カーディガン …P.18 作り方 P.48
- **C2** フリルカーディガン …P.20 作り方 P.50
- **C3** ロングカーディガン …P.19 作り方 P.51
- **C4** フリルベスト …P.20, 21 作り方 P.63

D ジャケット

- **D1** 丸衿テーラードジャケット …P.25 作り方 P.52
- **D2** 角衿テーラードジャケット …P.27 作り方 P.56
- **D3** ヘチマ衿ジャケット …P.26 作り方 P.57

E スカート

- **E1** バルーンスカート …表紙, P.18, 22, 25, 26 作り方 P.58
- **E2** ティアードスカート …P.15, 23 作り方 P.60
- **E3** ダブルフレアスカート …P.20, 23 作り方 P.61

F バッグ

- **F1** グラニーバッグ …P.22 作り方 P.64
- **F2** マーケットバッグ …P.23 作り方 P.65

「たくさんの糸を見ただけで難しそう」…なんて思っていませんか？
まるわかり！ロックミシン スタディ …P.28

すべての始まりはここ。何事も基本が肝心です。
型紙の作り方と基本の部分縫い …P.30

ロックミシンの糸って特殊なの？糸のこと全部教えます。
糸選びのポイント …P.32

本当に便利なものだけを集めました。
おすすめのソーインググッズ …P.33

キーワードIndex …P.66

作品 Index

A  プレーンTシャツ

基本型
A1
プレーンTシャツ
P.10 作り方P.34
実物大型紙 **1**面

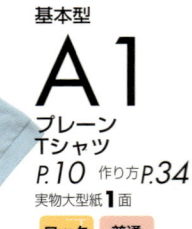

- ●ノッチの入れ方
- ●『バルキー押え』の使い方
- ●「わ」になったものの縫い始めと縫い終わり
- ●糸端始末テク
- ●屏風だたみ縫い

A2
ハイネックシャツ
P.11 作り方P.38
実物大型紙 **1**面

- ●変形巻き（全巻き）ロック始末
- ●糸端始末テク

マークの説明

この本では4種類のミシンを使用しています。作品ごとにどのミシンが使われているか、マークで表示しています。

 1台で大活躍！2本針4本糸のロックミシン　P.28

 カバーステッチができる『ふらっとろっく』　P.44

 波状の飾り縫いができる『糸取物語WAVE』　P.29

 直線・ジグザグ・ボタンホールなどに使うミシン　P.36

A3
パフスリーブ
シャツ
P.12 作り方 *P.39*
実物大型紙 **1**面

ロックミシン　普通ミシン

- ●ギャザー寄せ
- ●パフスリーブの作り方

A5
ノースリーブ
シャツ
P.11 作り方 *P.41*
実物大型紙 **1**面

ロックミシン　普通ミシン

- ●直線ミシン始末
- ●ノースリーブの袖ぐり始末

A4
ショールカラー
シャツ
P.24 作り方 *P.40*
実物大型紙 **1**面

ロックミシン　普通ミシン

- ●衿のつけ方
- ●カフスのつけ方

A6
フリルつき
シャツ
P.13 作り方 *P.62*
実物大型紙 **1**面

糸取物語WAVE　普通ミシン

- ●『糸取物語WAVE』で縫えるウェーブロックの飾り縫い

C カーディガン

基本型
C1
ボレロ風カーディガン
P.18 作り方 *P.48*
実物大型紙 **2**面

[ロックミシン]

● 開き縫い（飾りステッチ）

C3
ロングカーディガン
P.19 作り方 *P.51*
実物大型紙 **2**面

[ロックミシン] [普通ミシン]

● 『バルキー押え』の使い方
● 『ニット用裾まつり押え』でまつり縫い（裾引き始末）

C2
フリルカーディガン
P.20 作り方 *P.50*
実物大型紙 **2**面

[ロックミシン]

● パイピング風ロック

C4
フリルベスト
P.20,21
作り方 *P.63*
実物大型紙 **2**面

[糸取物語WAVE] [普通ミシン]

● 『糸取物語WAVE』で縫えるウェーブの巻きロック

マークの説明

| [ロックミシン] | 1台で大活躍！2本針4本糸のロックミシン *P.28* | [糸取物語WAVE] | 波状の飾り縫いができる『糸取物語WAVE』 *P.29* |
| [ふらっとろっく] | カバーステッチができる『ふらっとろっく』 *P.44* | [普通ミシン] | 直線・ジグザグ・ボタンホールなどに使うミシン *P.36* |

F バッグ

F1
グラニーバッグ
P.22 作り方 P.64
実物大型紙 **2**面

 ロックミシン　 普通ミシン

● 『セパレート押え』でフリルつけ

F2
マーケットバッグ
P.23 作り方 P.65
実物大型紙 **2**面

ロックミシン

● パイピング風ロック

マークの説明

 ロックミシン　1台で大活躍！2本針4本糸のロックミシン　P.28

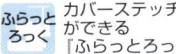 ふらっとろっく　カバーステッチができる『ふらっとろっく』 P.44

 糸取物語WAVE　波状の飾り縫いができる『糸取物語WAVE』 P.29

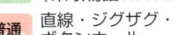 普通ミシン　直線・ジグザグ・ボタンホールなどに使うミシン P.36

A1
プレーンTシャツ

作り方 😊 *P.34*
実物大型紙 **1**面

まず作ってみたい基本の一枚。
着回し率の高い
シンプルな丸首のTシャツ。

… A1

パンツ／nest robe青山店
布地／イーデンアロン

A2
ハイネックシャツ
作り方 P.38
実物大型紙 1面

ひらひらした衿元や
袖口が可愛らしい。
どんなボトムにも合う
シンプルな一枚。

A5
ノースリーブシャツ
作り方 P.41
実物大型紙 1面

可愛くて大人っぽい
ノースリーブは、
一枚でも
インナーにも活躍。

… A2

… A5

布地／岩瀬商店

A3
パフスリーブシャツ

作り方 P.39
実物大型紙 **1**面

女の子が大好きな
ラブリー系のパフスリーブ。
大きめの衿開きで
スッキリ。

… A3

パンツ／evam eva
布地／岩瀬商店

A6
フリルつきシャツ

作り方 😊 *P.62*
実物大型紙 **1** 面

胸元のフリルがアクセント。
衿元や裾を
ウェーブさせて、
ロマンティックな表情に。

…A6

布地／岩瀬商店

B1
ラグランTシャツ

作り方 P.42
実物大型紙 1面

着心地のよさNo.1の
ラグランスリーブは、
色違いで何枚でも欲しい
デイリーなアイテム。

…B1

布地／イーデンアロン

B2
ラグランステッチTシャツ

作り方 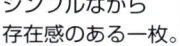 P.44
実物大型紙 **1**面

身頃や衿元などに
飾りステッチのアクセント。
シンプルながら
存在感のある一枚。

E2ティアードスカートは
P.23 参照。

…B4

E2…

布地／イーデンアロン

B3
ラグランカーディガン

作り方 P.45
実物大型紙 1面

羽織りものとして
1枚あると便利なカーディガン。
"袖長め"が可愛い
シルエット。

… B3

サロペット／evam eva
布地／岩瀬商店

B5
ラグランパーカ

作り方 P.47
実物大型紙 1面

ロングTシャツ感覚で着られる
薄手のパーカ。
わざと目立たせた
ステッチもチャーミング！

…B5

パンツ／evam eva
布地／岩瀬商店

C1
ボレロ風カーディガン

作り方 😊 *P.48*
実物大型紙**2**面

ボレロ感覚で羽織れる
カーディガン。
春から秋まで3シーズン着回せて
とっても優秀。

E1バルーンスカートは
P.22 参照。

…C1

…E1

18　タンクトップ／nest robe青山店
　　布地／イーデンアロン

C3
ロングカーディガン

作り方 P.51
実物大型紙 2 面

ざっくり感が心地よい、
ガウン風のロングカーディガン。
お家の中の
リラックスウエアとしても。

… C3

ワンピース、スパッツ／evam eva
布地／岩瀬商店

C2
フリルカーディガン

作り方 P.50
実物大型紙 2面

ひらひらのフリルが
フェミニンなカーディガン。
糸の色で遊べば
雰囲気ある一着に。

C4フリルベストは右ページと
同じパターンで巻きロック仕立
て、E3ダブルフレアスカート
はP.23参照。

…C4
C2…
…E3

C4
フリルベスト

作り方 *P.63*
実物大型紙**2**面

ボリューミーなフリルで
大人っぽく。
ウエストでキュッと巻く
リボンがアクセント。

⋯C4

ワンピース／nest robe青山店
スパッツ／evam eva

B4
ラグランタートルネック
作り方 P.46
実物大型紙 1 面

オールシーズン活躍する
タートルネックは、
ワードローブに
欠かせないアイテム。

E1
バルーンスカート
作り方 P.58
実物大型紙 2 面

ふわふわシルエットで
トレンド感いっぱい。
ヨークとの接ぎ合わせで
腰回りはスッキリ。

F1
グラニーバッグ
作り方 P.64
実物大型紙 2 面

毎日持って歩きたい
デイリーバッグ。
荷物が増えたとき用の
サブバッグにもピッタリ。

… B4
… F1
… E1

B4 布地／岩瀬商店

E2
ティアードスカート

作り方 P.60
実物大型紙**2**面

贅沢にギャザーを寄せた
ボリューミーなシルエット。
歩くたびに揺れる
ラインがきれい。

F2
マーケットバッグ

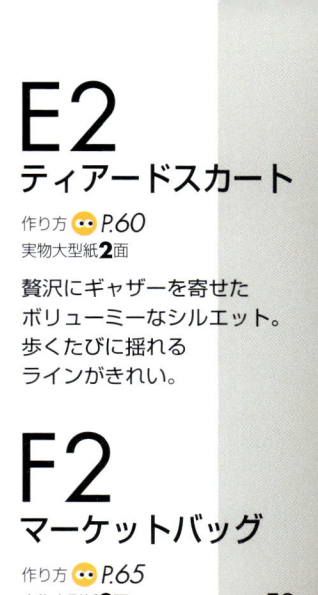

作り方 P.65
実物大型紙**2**面

お買い物袋型の
ショッピングバッグ。
持ち運べるお揃いの
ポーチつきが便利。

E3
ダブルフレアスカート

作り方 P.61
実物大型紙**2**面

二枚重ねのフレアスカートは、
エレガントで
ちょっとアダルトな雰囲気。

B4ラグランタートルネックは
左ページ 参照。

スパッツ／evam eva

A4
ショールカラーシャツ

作り方 P.40
実物大型紙1面

衿のディテールが
クラシックで上品な印象。
長めのカフスも
ガーリーテイストたっぷり。

…A4

パンツ／evam eva
布地／岩瀬商店

D1
丸衿テーラードジャケット

作り方 P.52
実物大型紙2面

ジャージーだから、
ラフに着こなせる
大人可愛いジャケット。
ワードローブに加えたい一着。

E1バルーンスカートは
P.22参照。

…D1

E1 …

布地／岩瀬商店

D3
ヘチマ衿ジャケット

作り方 P.57
実物大型紙 **2**面

大人っぽいけど、
どこかキュートな
ヘチマ衿のジャケット。
カジュアル系も
きちんと系もOK。

B4ラグランタートルネック，
E1バルーンスカートは
P.22 参照。

D2
角衿テーラードジャケット

作り方 *P.56*
実物大型紙**2**面

カッコいい大人カジュアルなら
角衿のジャケット。
普段使いできる
スウェット地も新鮮！

… D2

パンツ／evam eva

「たくさんの糸を見ただけで難しそう」…なんて思っていませんか？
まるわかり！ロックミシン スタディ

ロックミシンなら、縁かがりと縫い合わせが同時にできてスピーディー！
しかも、既製品のようにきれいに仕上がるので、一度使ったらやめられません。
ここでは、クライ・ムキおすすめの機種『ムキロック』をご紹介しながら、
ロックミシンの機能をわかりやすく解説します。

Q それぞれの糸の役割とは？

針糸（左）
2本針4本糸の場合に使用。よりしっかりした仕上がりに。

針糸（右）
本縫いの糸。1本針3本糸で使用する場合は右針を使用。

2本針の場合は、このようになっています。

1台でこんなに縫える！ロックミシンはこんなミシン

普通ミシンは上糸と下糸で縫い合わせますが、ロックミシンには上糸も下糸もありません。針糸とルーパー糸とでバランスよく編み目を作り、これが縫い目になります。普通ミシンのように糸の締めつけがないので、ニット地など伸縮素材に最適。2本針4本糸のロックミシンなら、目的に合わせて1本針2本糸、1本針3本糸なども使い分けることができます。

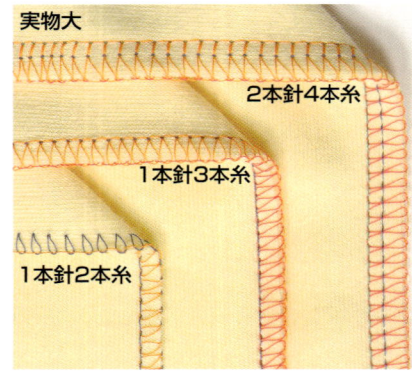
実物大
2本針4本糸
1本針3本糸
1本針2本糸

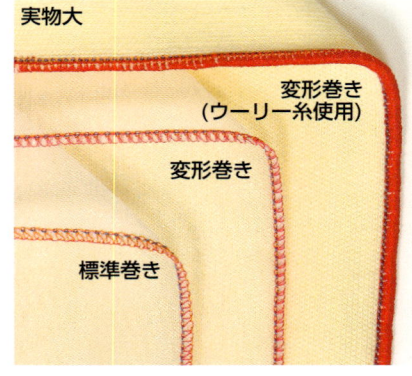
実物大
変形巻き（ウーリー糸使用）
変形巻き
標準巻き

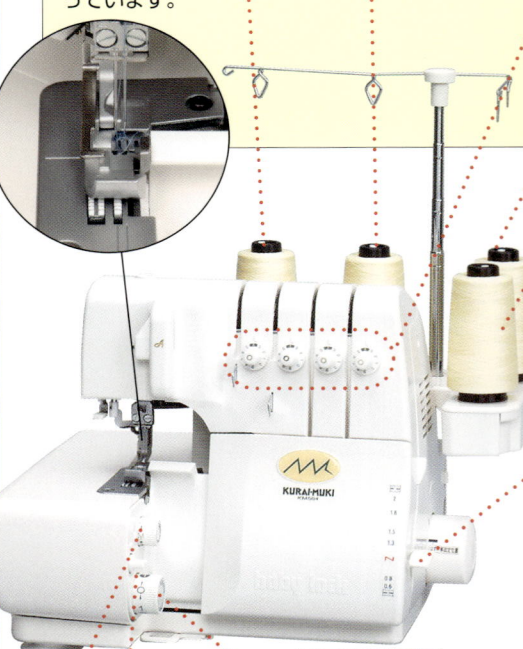
ムキロックKM504
オープン価格／(株)ジューキ

縁かがり（普通ロック）
わかりやすいように、それぞれ糸の色を変えて縫ったサンプルです（糸の色は、右上のミシンの写真から引き出した文字の色を参照）。4本糸はかがり幅が広いため、厚い生地やほつれやすい生地に適しています。

巻きロック（1本針3本糸）
生地端を裏側に巻き込むようにかがるので、ほつれやすいオーガンジーなど薄地の始末に適しています。ウーリー糸 P.32 参照 を使用すると、ハンカチの縁のように目の詰まった縫い目に。

Q かがり幅とは？
かがり幅とは、縫い目の左右幅のこと。ちなみに「M」とは巻きロックの頭文字のことで、巻きロック（1本針3本糸）で縫う場合の標準的なかがり幅を示しています。

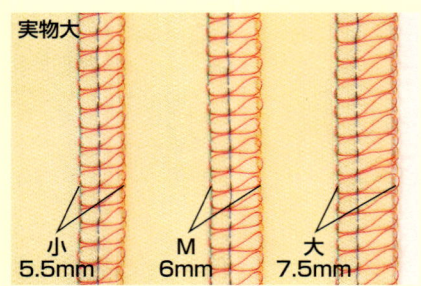
実物大
小 5.5mm ／ M 6mm ／ 大 7.5mm

縫い目の横幅をかんたん調節！
かがり幅ダイヤル
ダイヤルを回すだけで、かがり幅を簡単に変更することができます。巻きロックの場合は「M」に合わせますが、通常の縁かがりももちろん「M」で縫えます。薄地の場合は小、厚地の場合はよりしっかり縫えるように大にするなどして使い分けます。

メスを使ったり固定したりできる
メス
基本的にはメスで生地端をカットしながら縫いますが、飾り縫いなど、メスを使用しない場合は、ツマミを回せばメスを簡単に固定できます。生地を切って縫いたくない場合なども便利です。

糸調子ダイヤル

ロックミシンは、糸調子ダイヤルで糸のバランスをとります。生地の厚さや糸の種類によってバランスが変わるので、試し縫いをしながらきれいな縫い目に調整しましょう。

上ルーパー糸
表に見える振り糸。

下ルーパー糸
裏に見える振り糸。

> レバーを押すだけで瞬時に糸が通る
> **エアスルーシステム**（自動エア糸通し）
>
> 空気圧で一気に瞬時に糸を通してくれるエアスルーシステム。ロックミシン特有の面倒な糸通しの手間が省けるので、ロックミシンユーザーに人気のシステム。

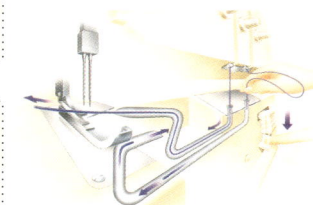

波状の縁かがりができるロックミシンも

4本の糸調子を自動調整してくれる、世界初のジャストフィットシステム（自動糸調子）を搭載した『糸取物語WAVE』。生地の厚さに関係なく、常に美しい縫い目をキープ。基本の縁かがりのほかに、ウェーブロックというオリジナルの飾り縫いができるのも特徴。

シフォンなどの薄地や、スムースなどの伸縮素材など、なんでもOK。きれいなウェーブの飾り縫いが簡単に！ P.62,63 参照

BL68W糸取物語WAVE
178,500円（税込）／（株）ジューキ

伸ばし縫いも縮み縫いも自在

差動レバー

> **Q 差動とは？**
> ジャージーなど伸縮性のある生地や、裏地などの縮みやすい生地を縫う場合に、生地を縫っても伸びたりつったりせず、安定した縫い目になるように調整するレバー。この差動を利用して、袖山のいせ込みやギャザー寄せなどに活用します。

伸びやすい素材
× / ○

ジャージーなどの伸縮性のある生地がヨレヨレ伸びないようにきれいに仕上げます。

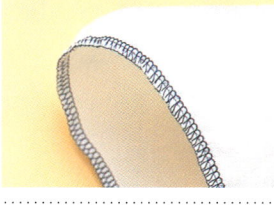
袖山のいせ込み / 袖口リブ付け

縮みやすい素材
× / ○

薄地など、縮みやすい生地を、ギャザーが寄らないようにきれいに仕上げます。

ギャザー寄せ / スカートの縁

縫い目の粗さがすぐ選べる！

送り目ダイヤル

普通ロック、巻きロックともに、1mmから4mmの幅で送り目の調節ができます。生地や厚さによって仕上がりの美しさに差が出るので、必ず試し縫いをしてみましょう。送り目と巻きロックの切り換えも、このダイヤルでできます。

> **Q 送り目とは？**
> 送り目とは、縫い目と縫い目の間隔の幅（縫い目の粗さ）のこと。本書では通常「2.5mm」を推奨しています。

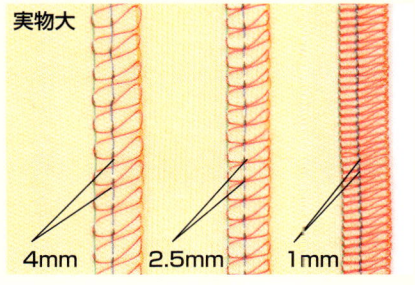
実物大
4mm / 2.5mm / 1mm

すべての始まりはここ。何事も基本が肝心です。
型紙の作り方と基本の部分縫い
効率よく作るには、基本が大事。本書でよく登場する基本の部分縫いもマスターしましょう。

作りたい服の型紙を作る

実物大型紙の写し方
1 作りたい作品の型紙（サイズは下記を参照）を、カラーマーカーなどでなぞり、わかりやすくする。
2 ハトロン紙などの透ける紙を型紙に重ね、ずれないように重りを置き、鉛筆で書き写す（定規を使うとよい）。
3 布目線、合印、ポケット位置、パーツの名称など、型紙にあるものも忘れずに書き写す。
縫い代はあらかじめついている型紙なので、紙切りバサミで型紙をカットすればでき上がり。

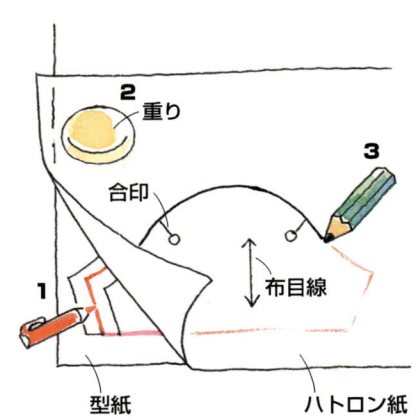

●参考ヌードサイズ

サイズ	バスト	ウエスト	ヒップ	身長
M	80～86	62～68	86～90	155～165
L	85～92	67～74	89～96	
LL	91～98	73～90	95～102	

「わ」がある型紙の写し方
1 型紙が二枚取れるスペースの余裕をみて、図のようにハトロン紙に書き写す。
2 写し取った型紙を「わ」の線で二つ折りにし、二枚の紙がずれないようにホチキスなどで数カ所とめる。
3 写した線に沿ってカットすれば、実物大型紙のでき上がり。
※ニット地は幅広のものが多いので、開いた型紙を使うと、裁断の手間が短縮できるという利点が。
また、ボーダーや柄合わせの必要なものにもバランスがとりやすいのでおすすめ。

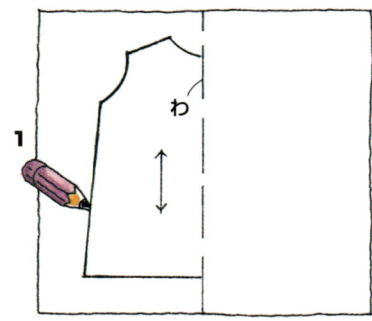

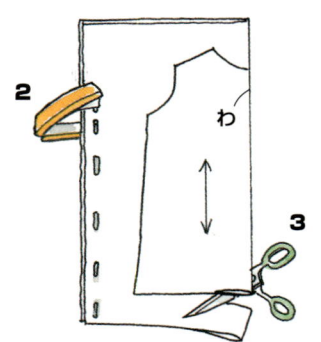

裁ち端を針板の右端に合わせて一定幅で縫う
縫うときは、常に生地を針板の右端に合わせることを意識して。こうすれば自然にメスでカットしながら縫えるので、安定してきれいな縫い目になる。

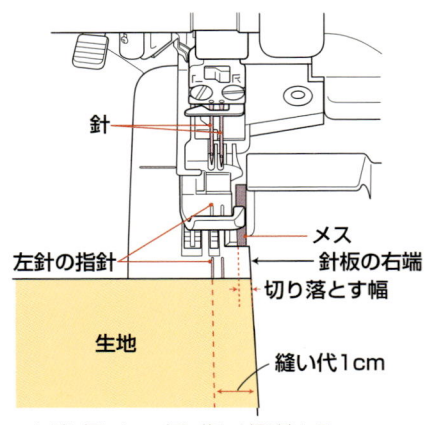

※かがり幅によって切り落とす幅が変わる。

重なる縫い代は互い違いに倒す
ロックミシンの縫い目は立っているものなので（下の写真参照）、縫い代をどちらかに倒すに決まりはなし。とはいえ、縫い代の重なりがゴロゴロして気になる場合も。そんなときは下のイラストように、縫い代を互い違いに倒して縫うとよい。

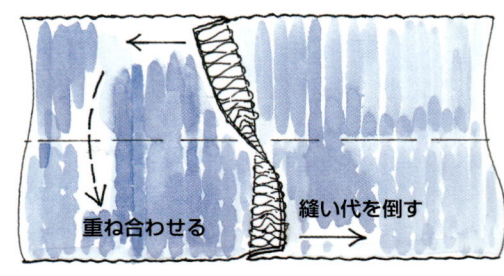

外角を縫う（メス固定）

実物大

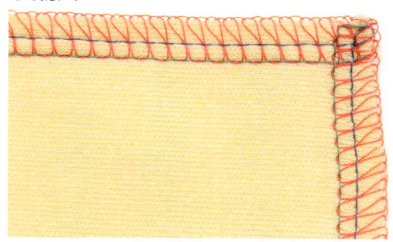

一辺を最後まで縫い進んだら針、押さえ金の順に上げ、生地をツメから外すために後ろに引いて、90度回転させる。

4本の糸を、たるみのないように軽く引いてピンとさせ、押さえ金を下げて縫い進める。このとき糸がたるんでいると、角の始末の糸もたるんでしまうので注意。

※わかりやすいように、わざと押さえ金を外しています。

内角を縫う（メス固定）

実物大

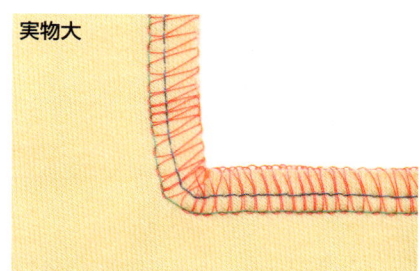

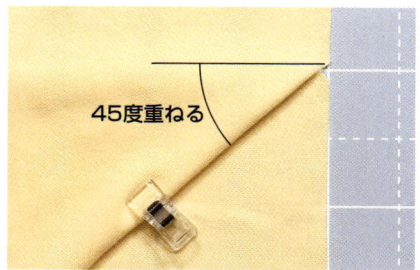

内角に2mmの切り込みを入れ、切り込みを支点にして生地を45度に折り、布端が直線になるようにクリップでとめる。

切り込みの手前まで縫い進んだら、そのまま切り込みを隠すようにまっすぐ縫う。

※わかりやすいように、わざと押さえ金を外しています。

外カーブを縫う（メス固定）

実物大

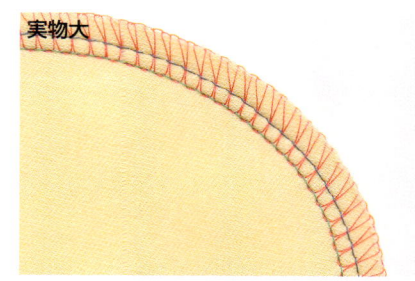

差動を1.3（縮み縫い）にセット。生地にもよるが、薄い生地だと生地端がひらひらしてしまうので、差動をかけるときれいな縫い目になる。

見返しの端やポケット角などのカーブを縫う場合、針の落ちる位置から手前3cm位から、生地が直線になるように左手で針の方向に軽く生地を寄せて縫い進める。

内カーブを縫う（メス固定）

実物大

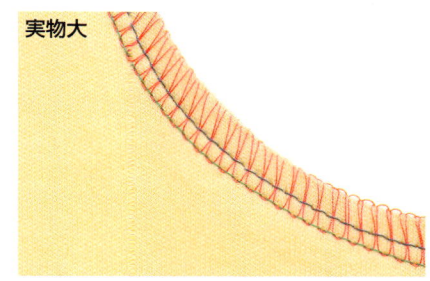

差動はNにセット。木綿などの伸びない生地の場合は0.8（伸ばし縫い）に。

針の方向に生地が巻き込まれ過ぎないよう生地に左手を軽く添え、針の落ちる位置を注意しながら縫い進める。

糸の簡単なほどき方

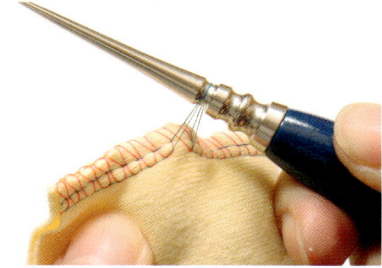

縫いはじめの糸（端の糸）を切ってから、針糸2本を引き抜く。溝のある目打ちなら、糸が滑らずに簡単に引くことができる。

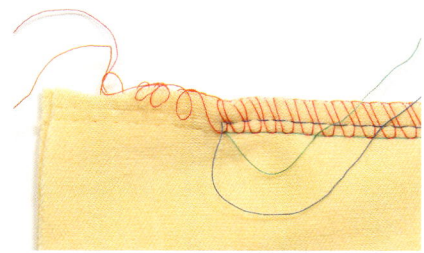

本縫いの糸を取り去った部分から、上下ルーパーの飾り糸がパラパラとおもしろいようにほどけていく。

ロックミシンの糸って特殊なの？ 糸のこと全部教えます。
糸選びのポイント

でき上がりを左右する大切な糸選び。ロックミシンに適した、おすすめの糸を紹介します。※糸の番手は、数字が大きいほど細い。本書では「ミロ」を使用。

針糸・上下ルーパー糸に使用
ミロ・マルチ
各304円

これ1本で、普通ミシンもロックミシンも兼用できて経済的。アパレルでも使用されている、プロも太鼓判の美しさ。全150色、80番、400m。ポリエステル100%、特殊ハイマルチフィラメント（特殊起毛加工）。オゼキ（株）

上下ルーパー糸・直線ミシン（下糸）に使用
ミロ・ウーリー
各262円

ミロ・マルチよりも太く、熱や退色に強いのが特徴。飾り縫いにも活躍。「ミロ・マルチミシン糸」から抜粋した全50色、300m。ポリエステル100%（ウーリー加工糸）。オゼキ（株）

飾りステッチに使用
ミロ・プリズム
各441円

2cm間隔で違う色に染められた糸。縫い進むと糸の表情が変わるので、でき上がりが楽しみに。キラキラしてどれもきれいな発色。全12色、40番、250m。アクリル100%。オゼキ（株）

飾りステッチに使用
ミロ・手ししゅうミシン・ステッチ糸
各126円

色数が豊富で、欲しい色が必ずみつかる。糸を足して太さを調整するという、新発想のステッチ糸。きれいな発色も特長。全100色、20番、50m。キュプラスパン糸。オゼキ（株）

ミロのミシン糸は、普通ミシンとロックミシンの兼用型。ロックミシンに使用する場合は、底のキャップを外せば、糸が途中で浮かないようにセットできる。キャップは目打ちなどで簡単に取り外せる。

普通ミシンの場合

そのまま使用すればOK。

ロックミシンの場合
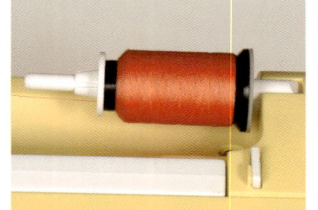
底のキャップを外してセットすれば、しっかり固定できて安心。

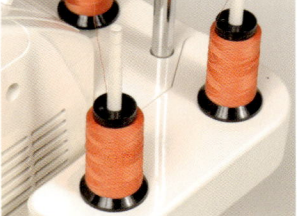
存在感があって、光沢もきれい。

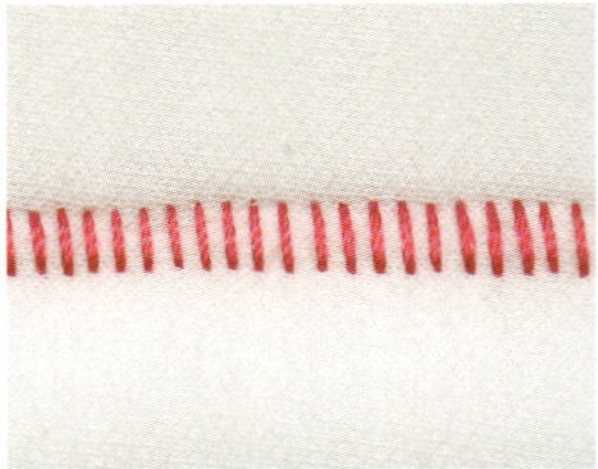

飾りステッチに使用
ミロ・ウーリーラメ
各399円

黄変もなく、高温のアイロン熱に耐えるウーリー糸に、ラメ糸が撚ってある糸。キラキラしたステッチが楽しめる。全5色、50番、300m。ポリエステル100%。オゼキ（株）

飾りステッチに使用
LAME
各380円

8本合わせの飾り縫い用糸。本書ではP.44の作品で使用。全12色。ポリエステル100%。（株）フジックス

針糸・上下ルーパー糸に使用
ニットソーイング用ミシン糸
280円

ニット地の縫い合わせに最適。ロックと本縫いの両方に使える。全62色、60番、1000m。ポリエステル100%。（株）フジックス

針糸・上下ルーパー糸に使用
ハイ・スパンロックミシン糸
480円

ロックミシン糸の定番といえる、オールマイティな糸。手芸店で比較的手に入りやすい。全80色、90番、1500m。ポリエステル100%。（株）フジックス

表示価格は、2007年3月現在の税込価格です。予告なく変更になる場合があります。　協力／オゼキ株式会社　www.it-ozeki.com　株式会社フジックス　www.fjx.co.jp

本当に便利なものだけを集めました。
おすすめのソーイング グッズ
スピーディーに美しく仕上げるコツは、用具を上手に使いこなすことです。

生地を裁つ
生地を裁断するときは、**カッティングボード**の上に生地と型紙を重ね、その上にずれないよう重りをのせる。**ロータリーカッター**で型紙に沿って生地をカットすれば、ハサミのように生地が浮かないので早くてきれい。丸まりやすいジャージー素材も正確にカットできる。

★カッティングボードL6300円、★ロータリーカッター1260円（替え刃）315円／クライ・ムキ（株）

合印をつける
あらゆる印つけに、**チャコエース**が活躍。消したいときは、反対側のイレーサーで簡単に消すことができる。ほかに、水で**消えるチャコ**（洗濯すればOK）なども。

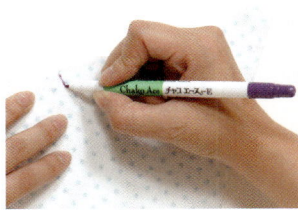

★チャコエース294円／アドガー工業（株）

アイロンをかける
縫い代のクセづけなどに欠かせない**アイロンスケール**。大判のアイロンマットは、たたんで半分でも使え、移動もラク。裏が目盛りになっているのも便利。**万能接着芯**を貼る場合は、マットにくっつかないよう、**アイロンペーパー**を引くとよい。

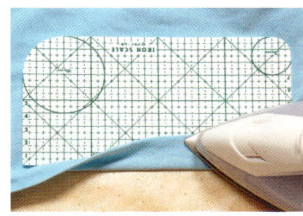

★アイロンスケール819円／クライ・ムキ（株）

★万能接着芯テープ（白・黒）各15cm幅×10m巻。1575円、35cm幅×10m巻2835円　★アイロンペーパー504円／クライ・ムキ（株）

仮止めする
生地を縫い合わせる場合は、まち針よりも**ソーイングクリップ**。取り外しがスムーズな上、布も歪まず、外し忘れる心配もなし。

★ソーイングクリップ（20個入り）1050円／クライ・ムキ（株）

指では押さえられない細かい部分などは、確実に押さえられる**ピンセット**がおすすめ。ミシンの横に常備しておくと便利。

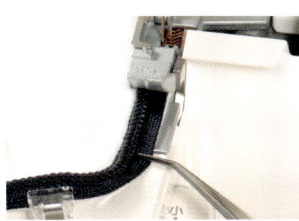

糸をほどく・形を整える
ボールポイント目打ちは先端が丸いので、誤って生地を刺しても傷まず安心。糸が引っ掛かる溝があるので、引きやすい。

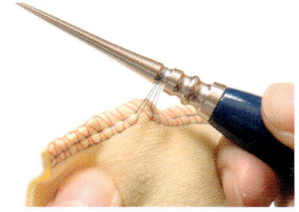

★ボールポイント目打ち840円／クロバー（株）

衿の角など、なかなか手で返せない細かい部分も**ボールポイント目打ち**が活躍。少しずつ生地を出して形を整えるのに便利。

先端が丸みを帯びている。

常備したい伸び止めテープ類
必須アイテムといえる素材がこちら。生地の補強などに欠かせないものばかり。よく使うものなので、まとめ買いしておくと便利。

伸び止めテープ
肩、袖ぐり、衿ぐり、前端などの伸び止めにアイロン接着して使用。河口、クロバー、★日本ハスケルなど。（白・黒）各12mm幅60m巻。1050円／クライ・ムキ（株）

★両面熱接着テープ
袖口や裾の始末に、アイロンで簡単に仮止めできる接着テープ（→P.46参照）。網目状で見やすいのも特徴。5mm幅50m巻。630円／（株）三景

★ウーリースピンテープ
肩、首回り、袖口などの伸び止めに縫い込むテープ。6mm幅5m巻、12色セット。ナイロン100％（白だけポリエステル100％）。2520円／オゼキ（株）

★エキストラテープ
薄くてもしっかり。ゴムのように戻り率がいいので、伸縮素材向き。シフォンなどの透ける生地にも。白・グレー各5mm幅21m。ポリエステル100％。945円／クライ・ムキ（株）

ロックミシンを準備しよう！

●この本で使用する基本のロックミシンは『ムキロック』（ベビーロック）です。
●作り方プロセス内で特に指定がない場合は、すべて下の通りにミシンをセットアップしてください。

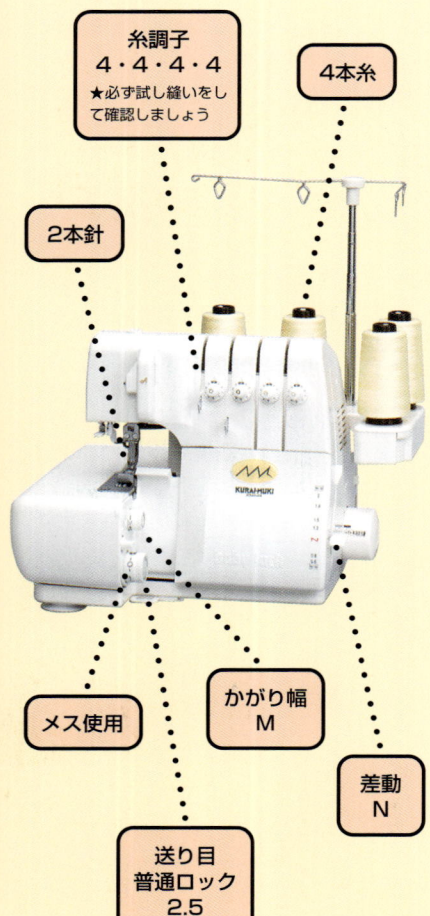

- 糸調子 4・4・4・4 ★必ず試し縫いをして確認しましょう
- 4本糸
- 2本針
- メス使用
- かがり幅 M
- 差動 N
- 送り目 普通ロック 2.5

P.10… **A1 プレーンTシャツ**
パターンAの基本の作り方です

ロックミシン 普通ミシン

※ニット地を直線ミシンで縫う場合は、下糸にウーリー糸を使用する

1 裁断する

●裁ち合わせ図

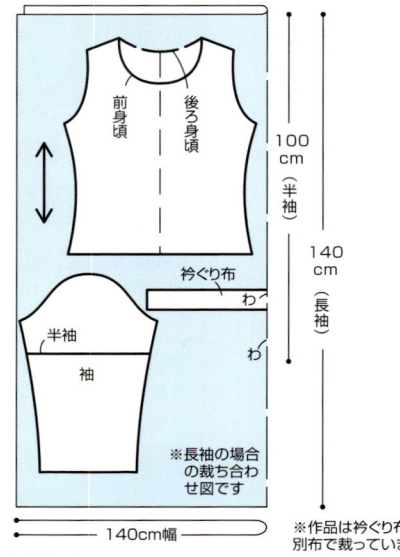

100cm（半袖）
140cm（長袖）
衿ぐり布
わ
半袖 袖
※長袖の場合の裁ち合わせ図です
140cm幅
※作品は衿ぐり布を別布で裁っています

●材料
水色の生地 140cm幅 天竺100cm
（長袖の場合は140cm）
青色の生地 天竺3.5×60cm
伸び止め接着テープ ミロ・マルチ4個
ミロ・ウーリー1個
★材料の数字はM・L・LL共通

ロータリーカッターを使うと簡単！

とじ込みの実物大型紙を写し、縫い代つきのパターンを作る。裁ち合わせ図の通りに型紙を置き、各パーツを裁断する。

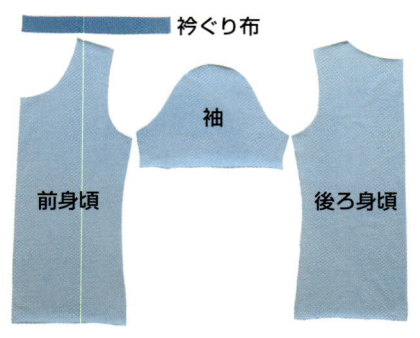

衿ぐり布 / 前身頃 / 袖 / 後ろ身頃

2 印をつける

合印や前後中心に印をつける。ノッチや消えるチャコペンを使うことが多い。

Point ノッチ（切り込み）の入れ方

ノッチ

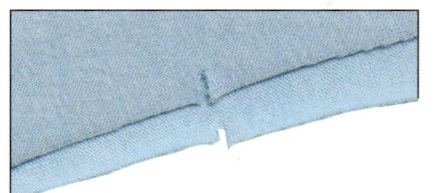

はさみの先を使い、合印位置の縫い代に2〜3mmの切り込みを入れる。縫い目の中に隠れるようにするため、切りすぎないように注意して。

中心は斜めに
開くと三角に

前後中心は写真のように三角に切り落とす。これも2〜3mmの深さで。

3 肩に伸び止めテープを貼る

前身頃（裏）の肩の縫い代に、伸び止め用接着テープをアイロンで貼る。

> 布端に合わせて

4 まとめてアイロンをかける

> アイロン定規なら簡単！

袖口、身頃の裾をでき上がりにアイロンで折っておく。パーツが平らなうちにアイロンをかけておくと、最後の始末が楽。

5 肩を縫い合わせる

身頃を中表に合わせ、肩を縫い合わせる。針板の右端に布端を合わせると、左針がちょうど縫い代分の1cmのところにくる。縫い合わせはすべてこの要領で。

P.30 参照

> 針板の右端と布端を合わせて！

> これが空環（カラカン）
> 空縫いでできた縫い目のこと。

写真のように両肩続けて縫ってから、後で糸（空環）を切る。スピーディーに仕上げるコツ。

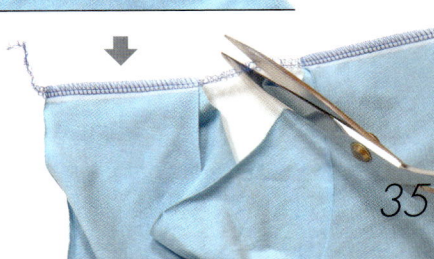

伸び止めテープいろいろ

伸縮性のある生地で作る場合、着くずれを防ぐため、伸びやすい箇所に伸び止めテープを使います。アイロンで簡単に貼れる接着タイプと、テープを縫い合わせるときに一緒に縫い込むタイプがあります。

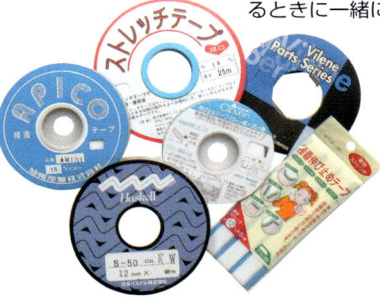

● アイロン接着タイプ

河口、クロバーなど、多数のメーカーより発売されている。

● 縫い込みタイプ

ミロ・スピンテープ
P.33 参照

クライ・ムキエキストラテープ
P.33 参照

[使い方]

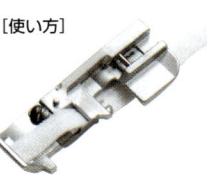

1 付属のバルキー押えにテープを通す。

2 そのままミシンにバルキー押えをつけ、肩を縫い合わせる。

3 これで肩の縫い合わせと、伸び止めテープつけが一気に完了！テープは肩幅より少し長く残す。

6 衿を作る

中表にして、後ろ中心を縫う。表に返し、片方の布端を縁かがりしておく。　😀下コラム参照

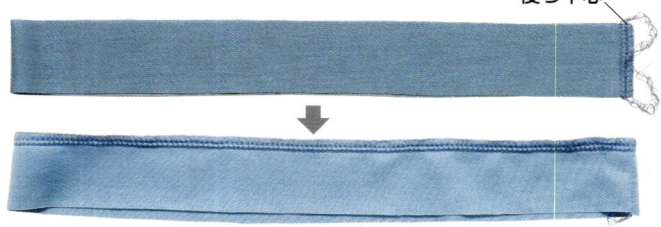

後ろ中心

7 衿をつける

中表にして後ろ中心に接ぎ目を合わせ、均等にクリップでとめる。肩の縫い代は後ろに倒す。芯を使わないので衿ぐりが伸びやすいため、差動を使って縮み縫いする。縫い合わせるときは衿側を上にして。

> 差動 1.3
> かがり幅 大
> メス固定

 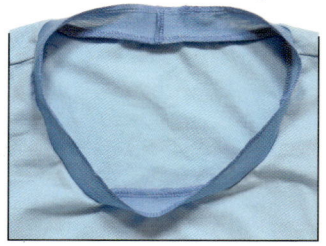

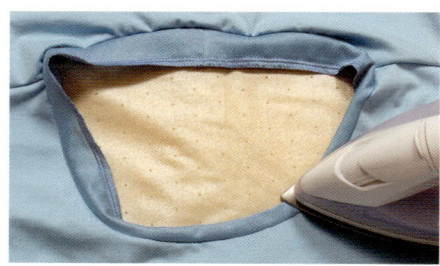

アイロンで縫い代をくるむように衿を折り、クリップでとめておく。

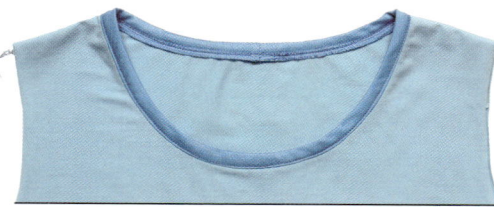

> ミシンは表から

表を上にして、縫い目の際（衿側）を直線ミシンで縫う。下糸はウーリー糸に。

「わ」になったものの縫い始めと縫い終わり

●縫い始め

押さえ金と針を上げ、布をまっすぐに置く。押さえ金を下げてスタート。メスは固定。

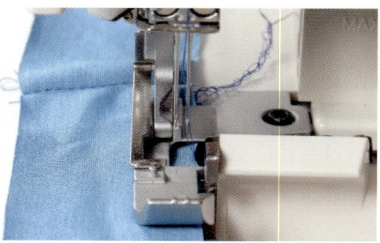

●縫い終わり

ぐるりと縫って、縫い始めの位置が見えたら、縫い始めの余分な糸を切る。

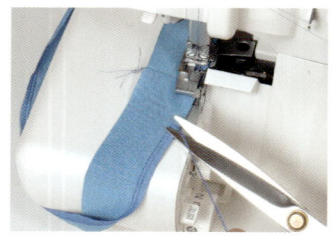

2〜3cm縫い重ねたら、針と押さえ金を上げ、手前にある布を後ろによけて押さえ金を下ろし、そのままミシンを進めて糸を切る。

○　　2〜3cm

×　

上の要領で縫うと、縫い目はまっすぐ、きれいに！

斜めに入って、斜めに縫い終わると、あまりきれいではない。

8 袖をつける

中表にして袖山の合印を合わせ、クリップでとめて、縫い合わせる。

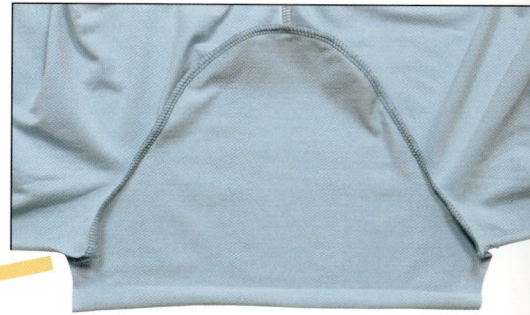

> 空環を少し残す

36

9 袖下、脇を縫い合わせる

袖下から脇を続けて縫い合わせる。袖つけの縫い代は、前後で互い違いに倒すとすっきり。

縫い代は互い違いに倒して

10 袖口、裾を始末する

あらかじめでき上がりに折っておいた裾、袖口をしっかり折り直す。屏風のように縫い代端から表側にもう一度折り返し、クリップでとめる。

屏風だたみ縫い

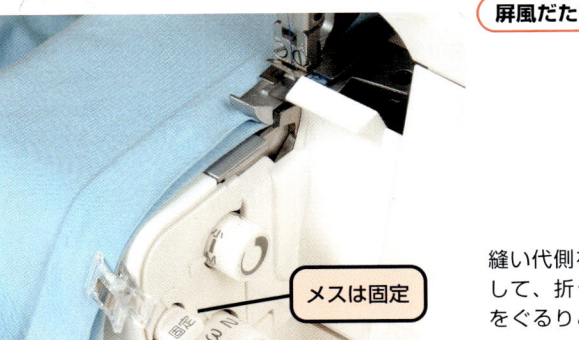

メスは固定

縫い代側を上にして、折った端をぐるりと縫う。

折り返しを戻すと、この通り。あっという間に既製品のような始末ができ上がる。

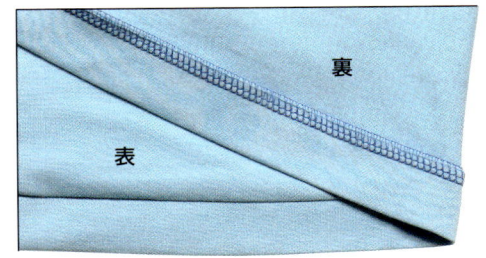

Point 糸端始末テク

縫い目がほどけないように糸端始末する。

空環

A 結んで切る
空環を縫い終わり部分できっちり固結びし、切る。

B 縫い代に入れる
空環の糸端を毛糸針などの太い針に通し、縫い代と縫い代の間に入れ込んでカット。

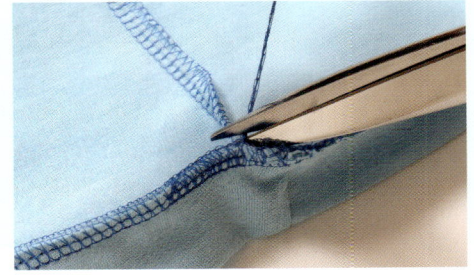

● でき上がり！

P.11… ## A2
ハイネックTシャツ

 ロックミシン
 応用テク ▶ 変形巻き(全巻き)ロック始末

● 裁ち合わせ図

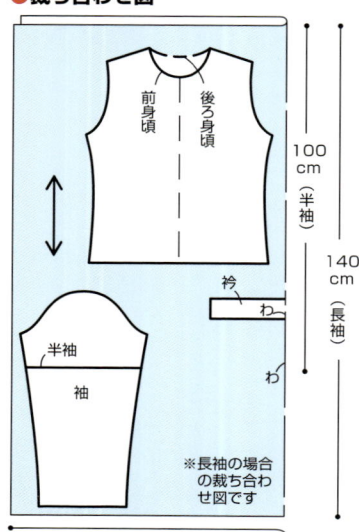

100cm(半袖)
140cm(長袖)
150cm幅
※長袖の場合の裁ち合わせ図です

● 材料
150cm幅スムース100cm
伸び止め接着テープ
ミロ・マルチ4個　ミロ・ウーリー1個
★材料の数字はM・L・LL共通

● 作り方順序
1 裁断し、印をつける
2 肩に伸び止めテープを貼る
3 肩を縫い合わせる
4 衿を作り、つける
5 袖をつける
6 袖下、脇を縫い合わせる
7 衿端、袖口、裾を始末する
★1〜6はP.34の1〜P.37の9と同様。
2本針4本糸で縫い合わせる

7 衿端、袖口、裾を始末する
変形巻きロックで始末する。下のようにロックミシンをセットする。糸調子はミシンによって多少の違いがあるので、試し縫いをしっかりすること。

7
スムースやフライスなら、巻きロックできれいなウェーブに。裏表のある天竺では、下の写真のようにカーリングする。

変形巻き(全巻き)ロックのしくみ
上ルーパー糸が布端を裏側に巻き込みながら細くかがる縫い方。薄手のジャージーなど伸縮性のある生地に適している。

裏　表　下ルーパー糸　針糸　上ルーパー糸

Point 糸端始末テク
空環を毛糸針などに通して、進行方向の縫い目の中に2〜3cm入れ込んで切る。

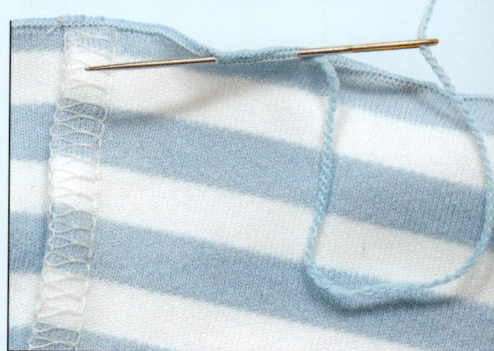

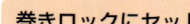
巻きロックにセット

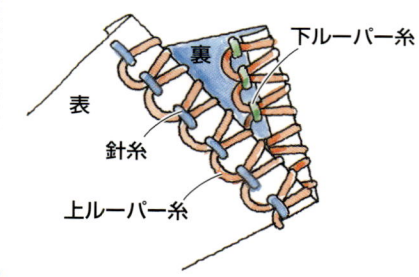

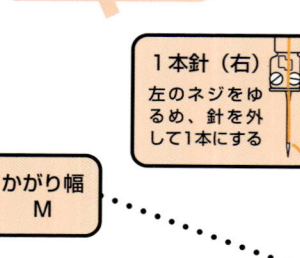

1本針(右)
左のネジをゆるめ、針を外して1本にする

3本糸

上ルーパーのみウーリー糸に変える

かがり幅 M

メス固定

下ルーパー糸調子 7〜9

送り目 巻きロック 1

差動 0.6

針を外した後、ネジがゆるいままだと振動で外れることがあるので、しっかり締め直すこと。

P.12… **A3**
パフスリーブTシャツ

ロックミシン 普通ミシン ▶応用テク ギャザー寄せ

● 裁ち合わせ図

前身頃 / 後ろ身頃 / 袖 / 袖口布 / 衿ぐり布
100cm
160cm幅

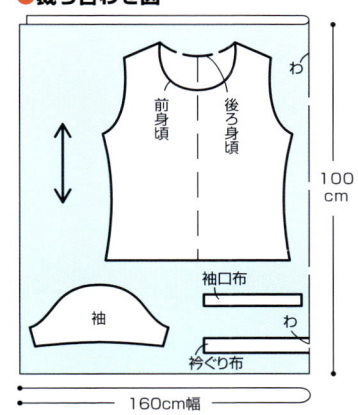

● 材料
160cm幅フライス100cm
伸び止め接着テープ
ミロ・マルチ4個
ミロ・ウーリー1個
★材料の数字はM・L・LL共通

● 作り方順序
1 裁断し、印をつける
2 肩に伸び止めテープを貼る
3 まとめてアイロンをかける
4 肩を縫い合わせる
5 衿を作り、つける 👁 P.36 参照
6 袖（パフスリーブ）を作る
7 袖をつける
8 袖下、脇を縫い合わせる
9 袖口を始末する
10 裾を始末する

★1〜5はP.34の1〜P.36の7、8はP.37の9、9はP.41の8、10はP.37の10を参照

6 袖（パフスリーブ）を作る

1 袖山、袖口の中心とギャザー位置に消えるチャコペンなどで、しっかりと印をつける。

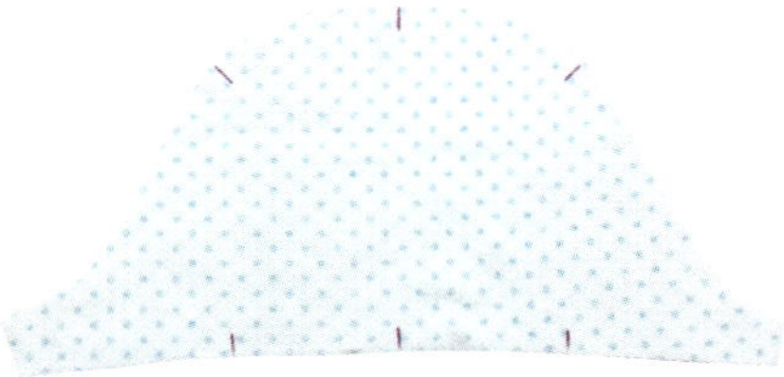

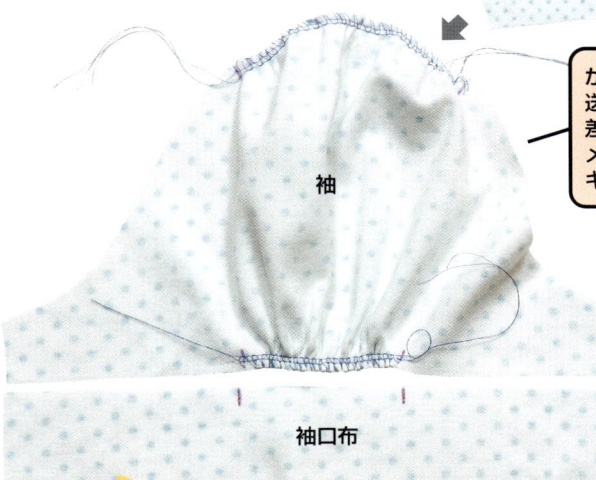

かがり幅 小
送り目 普通ロック 4
差動 2
メス固定で
ギャザー寄せ

針糸2本を引いてギャザー寸法を調節

2 差動を使い、裏からギャザー位置の縫い代部分を縫う。縫うだけでギャザー寄せができて便利。袖口布の合印はギャザー寄せ後の寸法なので、その寸法に合わせて針糸を結び、ギャザーを固定する。

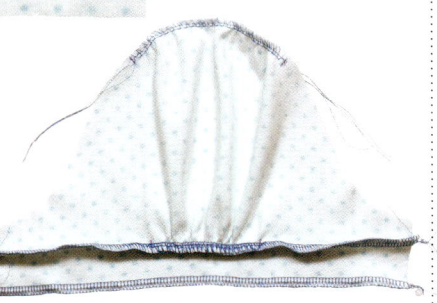

3 ミシンのセットを元に戻す。袖口布の片側を縁かがりし、袖と中表にして、合印をしっかり合わせてクリップでとめ、縫う。

9 袖口はA5のように、アイロンで折り、直線ミシンで始末する。
👁 P.41 参照

10 裾はA1と同じく屏風だたみ縫いで始末を。
👁 P.37 参照

7 袖をつける

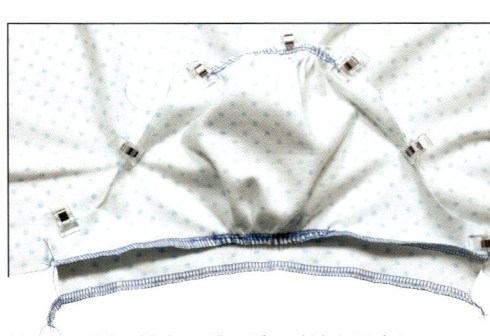

袖口と同様に袖山のギャザー寸法を固定し、身頃と中表にして、クリップでとめる。

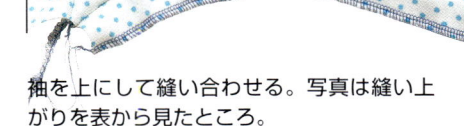

袖を上にして縫い合わせる。写真は縫い上がりを表から見たところ。

8 袖下、脇を縫い合わせる

脇を縫うときは裾から縫い始め、袖つけ、袖口布の縫い代は袖口方向に倒す。

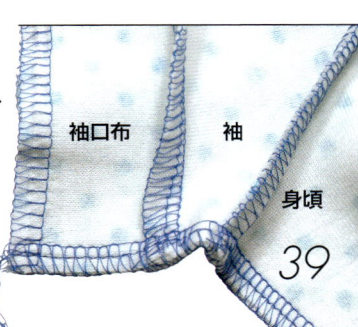

袖口布 / 袖 / 身頃

39

P.24… # A4
ショールカラーシャツ

ロックミシン　普通ミシン　応用テク　衿つけ　カフスつけ

● 裁ち合わせ図

130cm
160cm幅

前身頃／後ろ身頃／袖／衿／カフス／わ

● 材料
160cm幅エアニット130cm
伸び止め接着テープ
ミロ・マルチ4個
ミロ・ウーリー1個
★材料の数字はM・L・LL共通

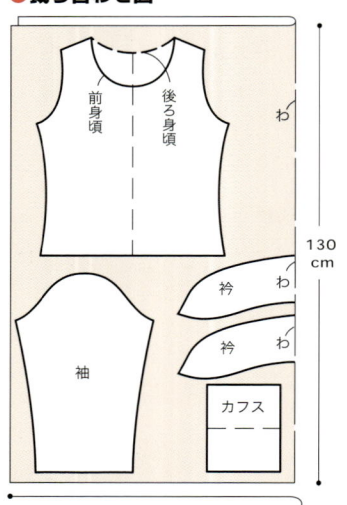

● 作り方順序
1　裁断し、印をつける
2　伸び止めテープを貼る
3　まとめてアイロンをかける
4　肩を縫い合わせる
5　衿を作る
6　衿をつける
7　袖をつける
8　袖下、脇を縫い合わせる
9　カフスを作り、つける
10　裾を始末する

★1〜4はP.34の1〜P.35の5、7・8はP.36の8とP.37の9を参照

5, 6

10 裾を始末する
A1と同様に屏風だたみ縫いで始末。 P.37 参照

9 カフスを作り、つける
カフスを中表にし、端を縫い合わせる。表に返しながら二つ折りする。縫い代は真ん中で互い違いに倒すとすっきり。

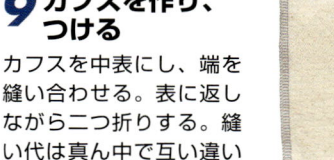

カフスと袖下の縫い目を合わせてクリップでとめる。メスは固定し、筒の中をのぞきながら縫い合わせる。カフスの寸法のほうが短いので、差動を使いながら縫うとうまく収まる。

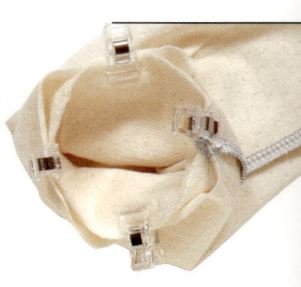

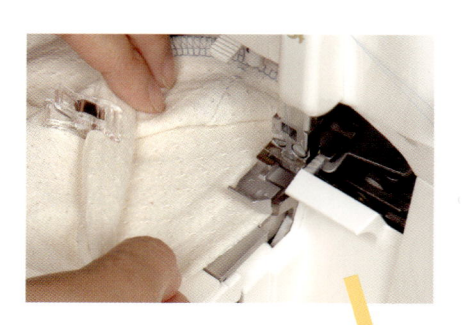

6 衿をつける
表に返した衿を、衿ぐりの合印に合わせ、クリップでとめる。

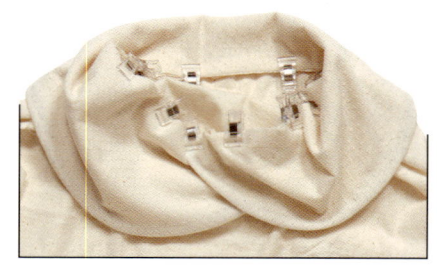

重なり部分を縫い外さないように注意しながら縫う。

衿ぐり側に直線ミシンをかけ、縫い代を押さえる。このとき、下糸はウーリー糸に。

5 衿を作る
衿を中表にして、外側を縫い合わせる。表に返し、アイロンで形を整える。

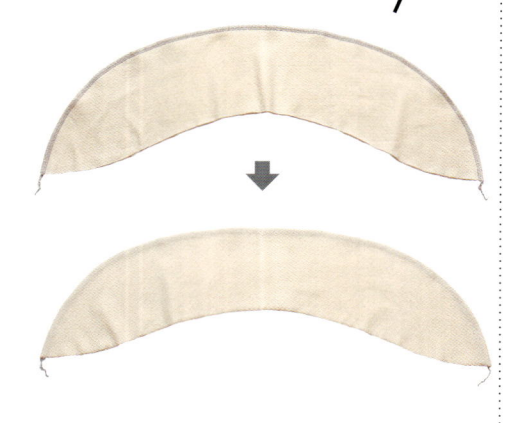

差動 1.5

差動で縮み縫い

P.11…

A5
ノースリーブシャツ

ロックミシン　普通ミシン　応用テク　直線ミシン始末
（下糸にウーリー糸を使用）

●裁ち合わせ図

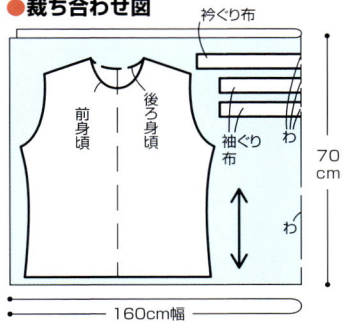

前身頃／後ろ身頃／衿ぐり布／袖ぐり布／わ
160cm幅／70cm

●作り方順序

1. 裁断し、印をつける
2. 伸び止めテープを貼る
3. まとめてアイロンをかける
4. 肩を縫い合わせる
5. 衿を作る
6. 衿、袖ぐり布をつける
7. 脇を縫い合わせる
8. 衿、袖ぐり、裾を始末する

★1〜5はP.34の1〜P.36の6を参照

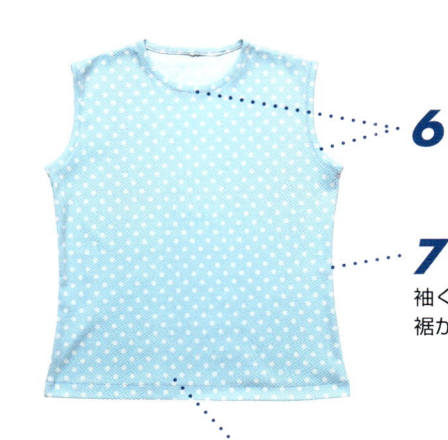

●材料

160cm幅フライス70cm
伸び止め接着テープ
ミロ・マルチ4個
ミロ・ウーリー1個
★材料の数字はM・L・LL共通

6 衿、袖ぐり布をつける

衿と袖ぐり布をそれぞれ中表にして、直線ミシンで身頃につける。下糸にウーリー糸を使うと伸びがよく、糸が切れにくくなる。

袖ぐり布の片端は縁かがりしておく

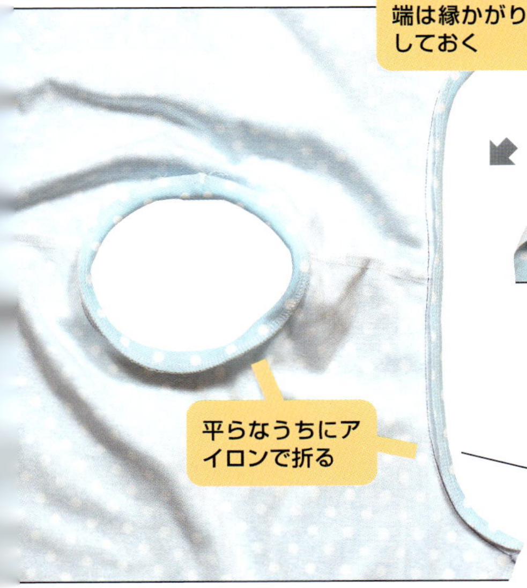

平らなうちにアイロンで折る

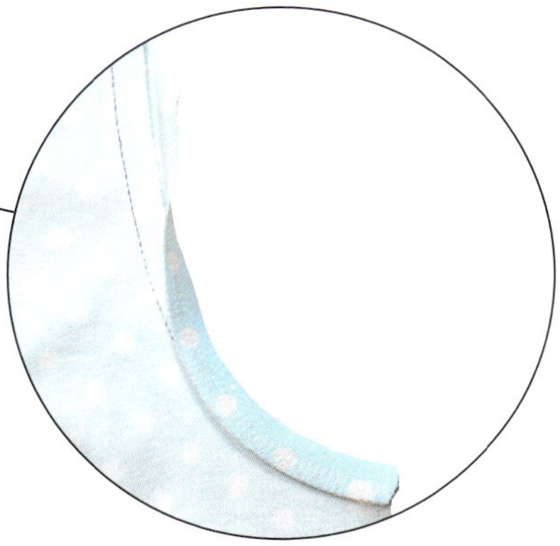

衿ぐり、袖ぐりの縫い代をくるむように、アイロンでしっかり折る。カーブ部分は袖ぐり布の外側を少し伸ばしながら、なじむようにアイロンを。

7 脇を縫い合わせる

袖ぐりの折った布を開いて、裾から続けて縫い合わせる。

8 衿、袖ぐり、裾を始末する

6で折っておいた衿、袖ぐりの際に表から直線ミシンをかける。

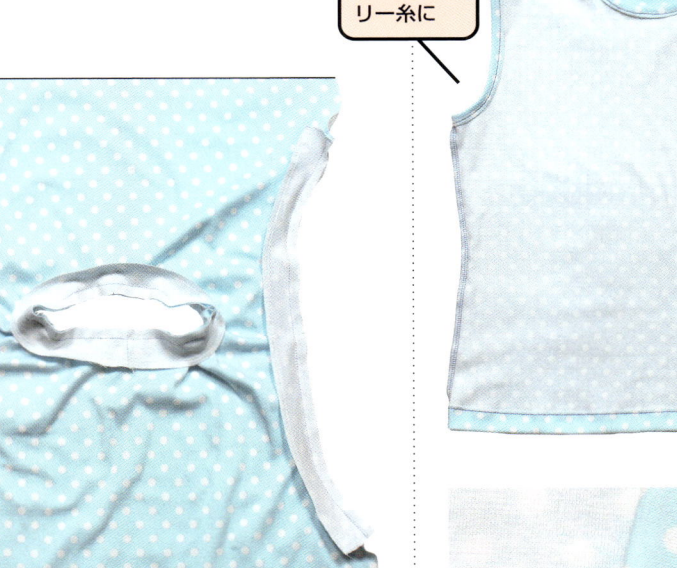

下糸はウーリー糸に

直線ミシン

裾の縫い代端を縁かがりする。でき上がりに折り、同様に表から直線ミシンで押さえて始末する。

P14… **B1** パターンBの基本の作り方です
ラグランTシャツ

ロックミシン　普通ミシン

1 裁断し、印をつける

●裁ち合わせ図

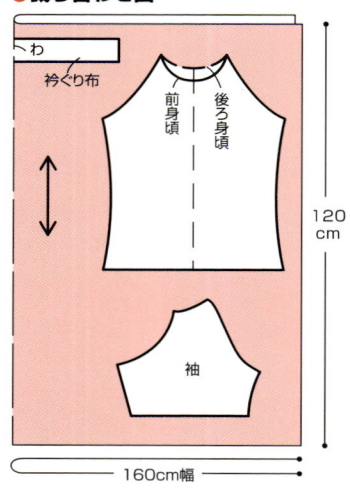

わ／衿ぐり布／前身頃／後ろ身頃／袖
120cm／160cm幅

型紙を作り、裁ち合わせ図のように裁断する。ノッチまたはチャコペンなどで合印を入れておく。

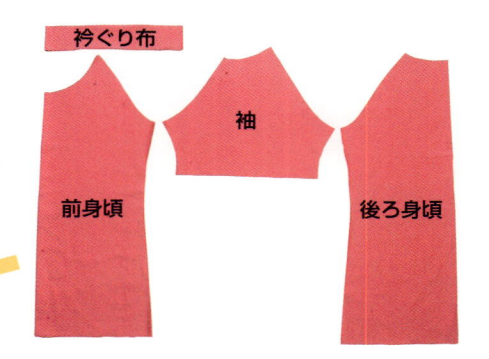

衿ぐり布／袖／前身頃／後ろ身頃

合印を忘れずに

2 まとめてアイロンをかける

アイロンは滑らせないで

アイロンで袖口、裾をでき上がりに折る。写真のようにアイロンスケールの上に生地を置き、目盛りに合わせて折る方法もある。最初にアイロンをかけておくと、後の始末が簡単。

3 袖をつける

袖と身頃を中表に合わせ、クリップでとめて、縫い合わせる。前後左右を間違えないよう注意。

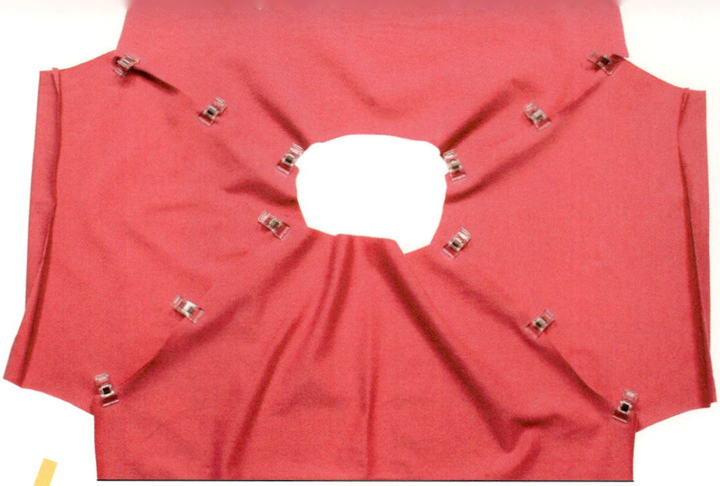

左右を確認！

●材料
160cm幅ベア天竺120cm
ミロ・マルチ4個
★材料の数字はM・L・LL共通

4 衿を作る

衿ぐり布を中表に合わせ、後ろ中心を縫う。幅半分に表に折り返し、アイロンで押さえる。後ろ中心の縫い代は、真ん中で互い違いになるように折るとゴロゴロしない。

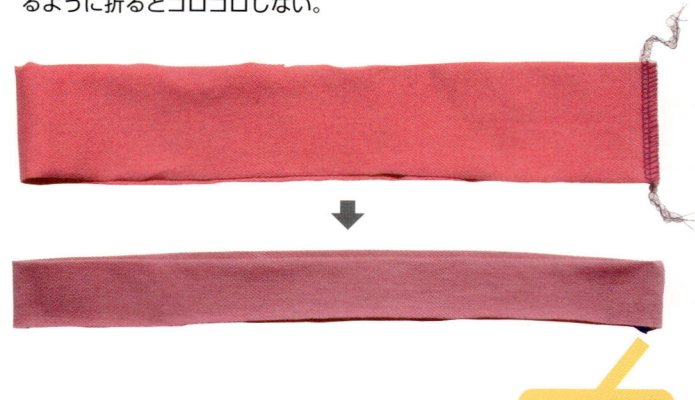

縫い代は互い違いに

5 衿をつける

衿ぐり布と身頃の後ろ中心をはじめに合わせ、他の合印も合わせてクリップでとめる。袖つけの縫い代は、身頃の裏からみて時計回りになるように倒すとスムーズに縫える。衿側を上にして縫い合わせる。

6 袖下、脇を縫う

中表に合わせて、袖下から脇をクリップでとめ、続けて縫い合わせる。

続けて一気に！

7 袖口、裾を始末する

袖口、裾をでき上がりに折り、クリップでとめる。「まとめてアイロン」の小技がここで効く。ジグザグミシン（普通ミシン）でぐるりと縫う。針は11号かニット用を使用。糸はロックミシンと同じでOK。縫い目は細かいほうが、伸びに対応し、切れにくい。

ジグザグミシン

縫い目は細かめに

Point ジグザグミシン始末

表　　裏

ジグザグミシンの縫い終わりは、直線縫いに変え、1.5cmくらい返し縫いをする。こうしておくと糸がほつれにくくなる。

● でき上がり！

15···

B2
ラグランステッチTシャツ

ロックミシン ふらっとろっく 応用テク

『ふらっとろっく』のカバーステッチ
（裏から縫う）

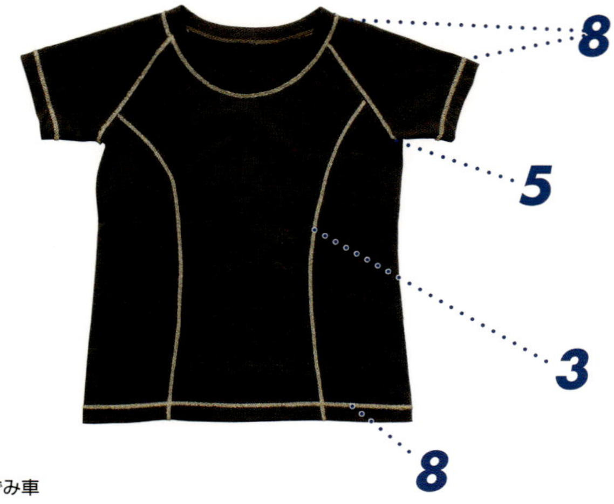

● 材料
160cm幅天竺120cm
伸び止めテープ
ミロ・マルチ4個
飾りステッチ用『LAME』1個 P.32参照
★材料の数字はM・L・LL共通
★裁ち合わせ図、パターンはP.42のB1と同じ
★飾りステッチ部分はカバーステッチのできる
『ふらっとろっく』を使用

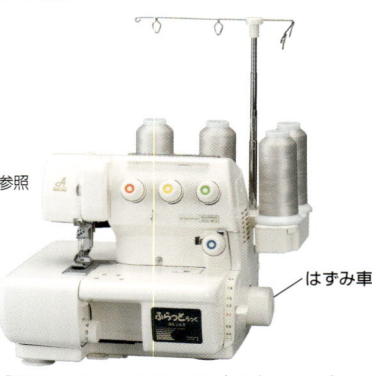

『ふらっとろっく』BL72S（ベビーロック）
147,000円（税込）／（株）ジューキ

はずみ車

● 作り方順序
1 裁断し、印をつける
2 まとめてアイロンをかける
3 身頃にカバーステッチをかける
4 袖をつける
5 袖つけにカバーステッチをかける
6 衿を作り、つける
7 袖下、脇を縫う
8 衿ぐり、袖口、裾に
　カバーステッチをかける

★1・2はP.43の1・2、4はP.42の3、
6・7はP.42の4～P.43の6を参照

3,5,8 カバーステッチをかける

『ふらっとろっく』の上ルーパー糸を、飾りステッチ用の糸に。太い糸や毛羽立った糸などエアスルーできない糸を使う場合は、写真のように左隅の穴からダイレクトに通す。あらかじめ細い糸を通しておいて、パイプの先でカットし、飾り糸を結んで上ルーパー先端から引っ張れば簡単に糸が交換できる。

カバーステッチ

太い糸の通し方

身頃（裏）の飾りステッチ位置に消えるチャコなどで印をつけ、裏を見ながら縫う。袖つけは縫い目、袖口、裾はでき上がりに折った布端を印代わりにする。

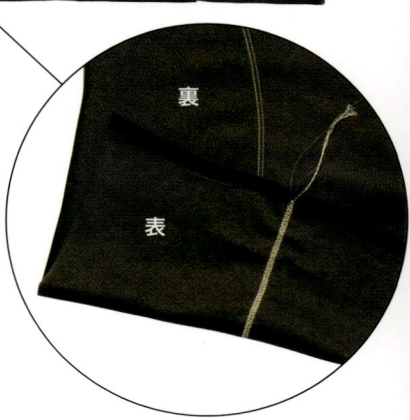

裏 / 表

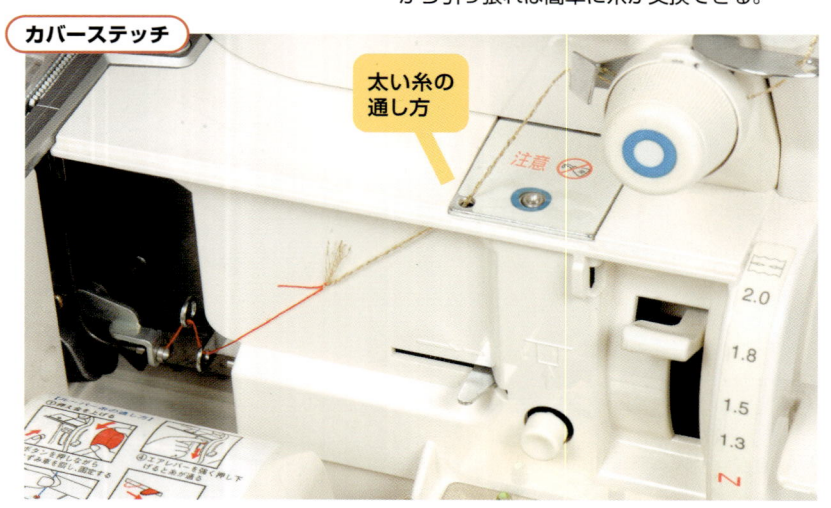

ステッチ幅は3mmと6mm。6mmの場合は、針糸が2本針か3本針かを選べる。この作品のカバーステッチは2本針（3mm）。

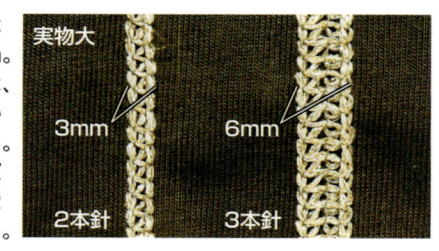

実物大
3mm / 6mm
2本針 / 3本針

Point 袖や裾など「わ」になったものの縫い終わり

縫い始めの糸を切り、2cm位重ねる。はずみ車を回して、針と押さえ金を上げ、後方に一気に20cm位布を引き、糸を切る。表に残った糸を針で裏に出し、すべての糸をまとめて結ぶ。

R.16… B3 ラグランカーディガン

ロックミシン

応用テク　開き縫い　前立てをつける

●裁ち合わせ図

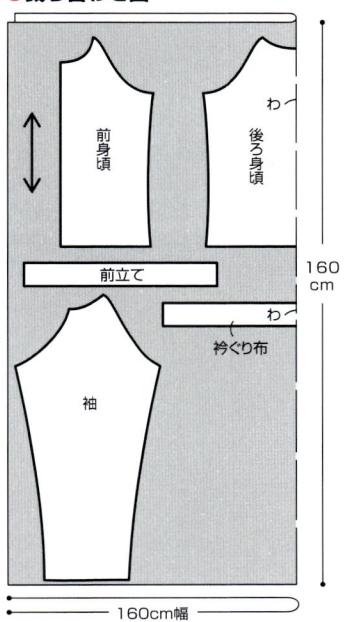

前身頃／後ろ身頃／前立て／衿ぐり布／袖
160cm
160cm幅

●材料
- 170cm幅ボーダー天竺160cm
- 万能接着芯テープ
- 13mm径スナップボタン7組
- ミロ・マルチ4個
- ミロ・ウーリー2個

★材料の数字はM・L・LL共通

●作り方順序
1. 裁断する
2. まとめてアイロンをかける
3. 袖をつける
4. 袖下、脇を縫い合わせる
5. 袖口、裾を始末する
6. 衿を作り、つける
7. 前立てを作る
8. 前立てをつける

★1～4はP.42の1～P.43の6を、6はP.42の4～P.43の5を参照

5 袖口、裾を始末する

ミシンのセッティング。1本針3本糸。上下ルーパー糸をウーリー糸に変え、右針糸調節をゆるく（0～2）する。かがり幅は小、メスは固定で。

右針糸調子を0～2にゆるめる

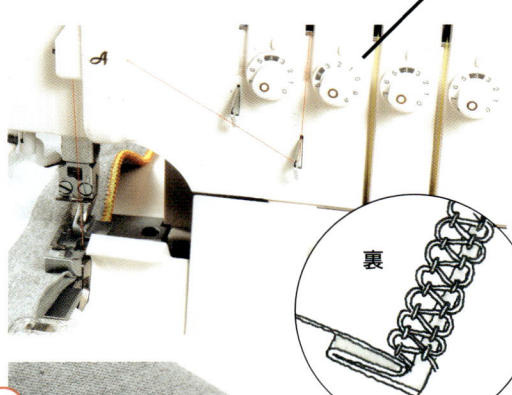

裏

イラストのように袖口、裾を屏風だたみし、クリップでとめて端を縫う。

開き縫い

表から縫い目を中心に、左右に引っ張り、縫い目を開いていく。

縫い目を平らにして、表に縦線が並んでいれば、開き縫いの完成。
糸端始末 P.49 参照

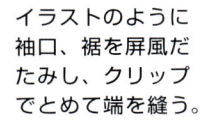

7 前立てを作る

前立てに万能接着芯テープを貼り P.33 参照、はみ出した芯をロータリーカッターでカットする。

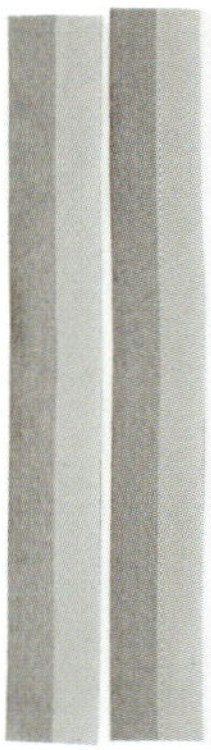

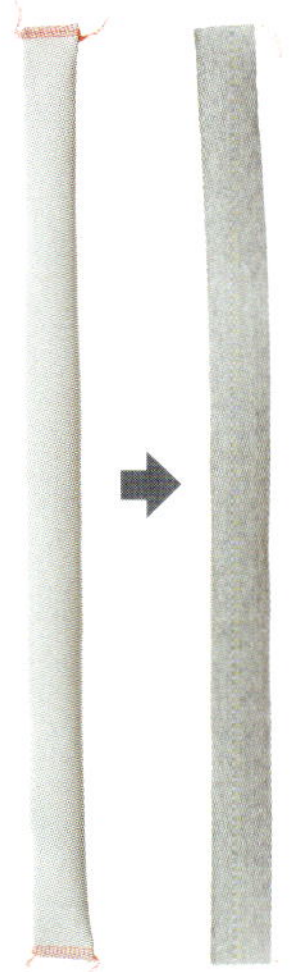

各々中表にして半分に折り、上下端を縫う。表に返してアイロンで整える。左右2本分作る。

8 前立てをつける

前端に前立てを中表にのせ、縫い合わせる。アイロンで折り返し整える。上部の縫い代は衿に、下部縫い代は裾の縫い代に手縫いで縫い止める。スナップボタンをつけてでき上がり。

P.22… B4 ラグランタートルネック

ロックミシン
応用テク まつり縫い（裾引き始末）

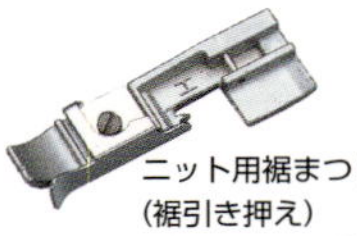

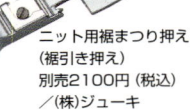

ニット用裾まつり押え
（裾引き押え）
別売2100円（税込）
／（株）ジューキ

●裁ち合わせ図

前身頃／後ろ身頃／袖／タートル
わ／わ
160cm
98cm幅

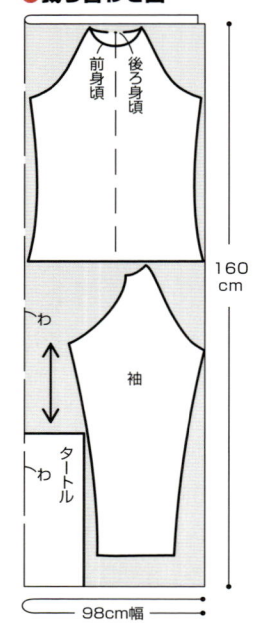

●作り方順序
1 裁断する
2 まとめてアイロンをかける
3 袖をつける
4 衿を作り、つける
5 袖下、脇を縫い合わせる
6 袖口、裾を始末する

★1〜5はP.42の1〜P.43の6を参照

●材料
98cm幅リブ地160cm
5mm幅両面熱接着テープ ●●P.33参照
ミロ・マルチ4個
★材料の数字は、M・L・LL共通

6 フライスやリブ地など、伸び率の多いニット地には、まつり縫いが最適。

ニット用裾まつり押えの使い方

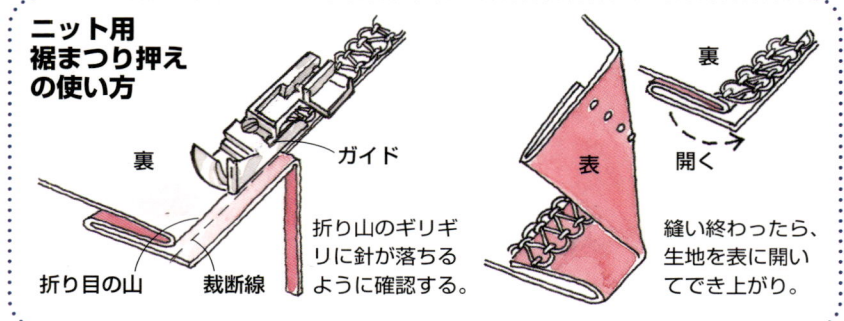

裏／ガイド／折り目の山／裁断線
折り山のギリギリに針が落ちるように確認する。

表／開く
縫い終わったら、生地を表に開いてでき上がり。

6 袖口、裾を始末する

1 端から5mmのところに、しつけ代わりに両面熱接着テープを貼る。

まつり縫い

1本針3本糸

2 はく離紙をはがし、縫い代をでき上がりに折ってアイロン接着する。

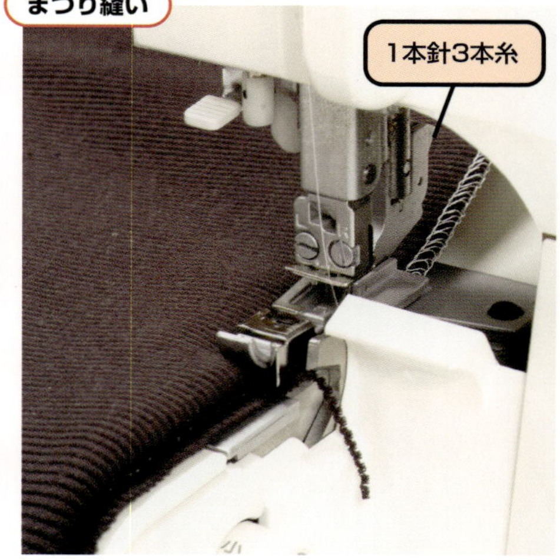

3 ミシンの押さえ金をニット用裾まつり押えに変える。イラストのように縫い代をたたみ、はみ出した縫い代をカットしながら縫う。

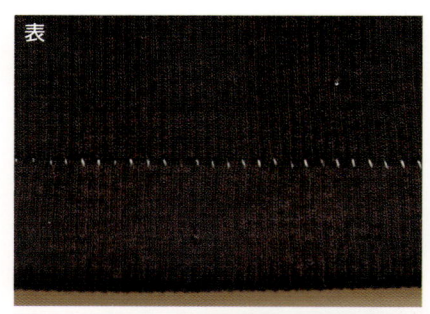

表／裏
縫い目の表と裏。縁かがりとまつり縫いが同時にできる。

P.17… **B5**
ラグランパーカ

ロックミシン／ふらっとろっく／普通ミシン

応用テク　フード、ポケットをつける
『ふらっとろっく』のカバーステッチ（表から縫う）

●裁ち合わせ図

160cm
140cm幅

●材料
140cm幅リバーシブル
接結（せっけつ）ニット160cm
万能接着芯テープ
ミロ・マルチ4個
★材料の数字は、M・L・LL共通
★衿ぐり、袖口、裾の始末は、カバーステッチのできる『ふらっとろっく』を使用

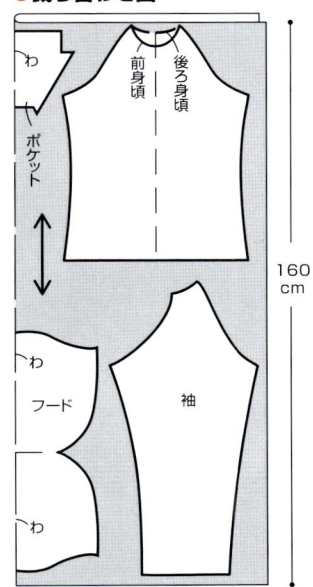

●作り方順序
1 裁断する
2 まとめてアイロンをかける
3 袖をつける
4 フードを作る
5 フードをつける
6 袖下、脇を縫い合わせる
7 衿ぐり、袖口、裾を始末する
8 ポケットを作り、つける

★1～3はP.42の1～3、6はP.43の6を参照。
7はP.44のPointを参照。

4, 5

7 衿ぐりの縫い代が浮かないよう、身頃側に3本針のカバーステッチをかける。

8

7 『ふらっとろっく』で、3本糸のカバーステッチをかける。直線が表に出るよう、表側から縫う。　P.44参照

カバーステッチの縫い目見本

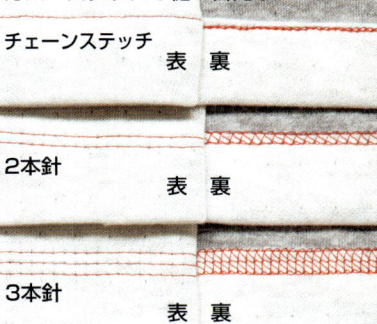

	表	裏
チェーンステッチ		
2本針		
3本針		

4 フードを作る
裁断したフードを中表に合わせ、後ろ中心を縫う。

表に返し、後ろ中心同士を合わせ、形を整える。

5 フードをつける
1 中表にしてフードと身頃の合印を合わせ、クリップでとめる。フードの前中心は、下の**2**の写真のように、補強のため、5mmずつ重ねる。

2 フード側を上にして、ぐるりと縫い合わせる。

8 ポケットを作り、つける
ポケット口に万能接着芯テープを貼り、でき上がりに折って3本針のカバーステッチで押さえる。縫い代をでき上がりにアイロンで折り、身頃に直線ミシンで縫いつける。

47

P.18… **C1** パターンCの基本の作り方です
ボレロ風カーディガン

ロックミシン　応用テク 開き縫いの飾りステッチ

1 裁断し、印をつける

●裁ち合わせ図

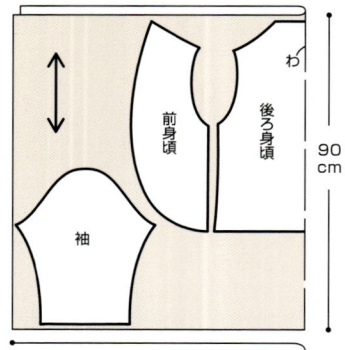

90cm
C1 170cm幅　C2 160cm幅

●材料
170cm幅ダンボールニット90cm
伸び止めテープ
ミロ・プリズム1個 …P.32 参照
ミロ・マルチ2個　ミロ・ウーリー2個
★材料の数字はM・L・LL共通

前身頃　袖　後ろ身頃

実物大型紙を作り、裁ち合わせ図のように布を裁断する。ノッチまたは消えるチャコペンなどで、合印を入れる。

2 まとめてアイロン
前端、袖口、後ろ衿ぐり、後ろ裾をアイロンででき上がりに折っておく。

3 肩を縫い合わせる
伸び止めテープを入れながら…P.35 参照、中表に肩を縫い合わせる。

伸び止めテープを入れる

上下ルーパー糸にウーリー糸

4 袖をつける
身頃と袖の合印を合わせ、中表に縫い合わせる。

5 袖下、脇を縫い合わせる
袖下から脇を続けて縫う。袖つけの縫い代は互い違いに倒すとゴロゴロしない。

縫い代は互い違いに倒して

6 袖口、身頃端を始末する

はみ出した肩のテープや糸端はハサミでカットしておく。

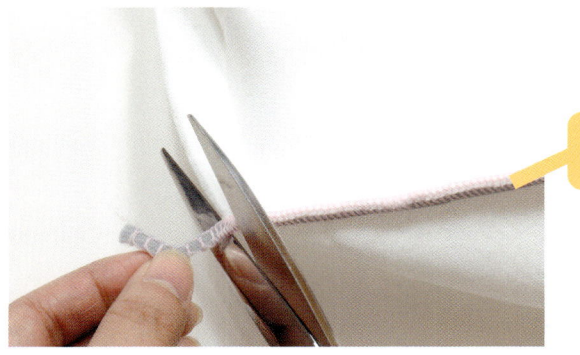

はみ出た部分は先にカット

開き縫い

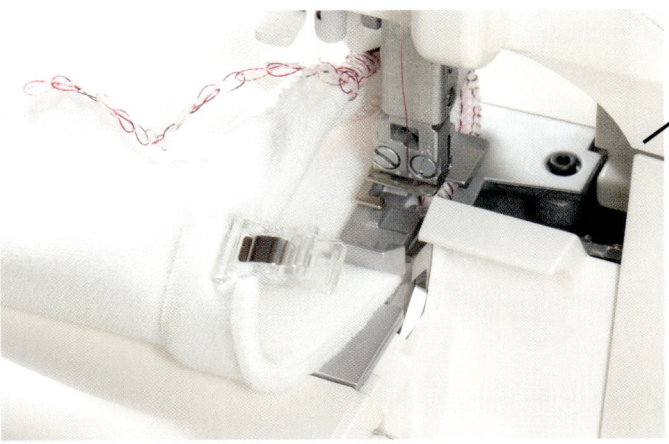

袖口、身頃端は開き縫い😊P.45参照で始末。屏風だたみにし、クリップでとめて裏から縫う。ここでの開き縫いは、かがり幅M。メスは固定。

針糸はミロ・プリズム、上下ルーパー糸はミロ・ウーリーに

Point 開き縫いの糸端始末

縫い重ねないで！

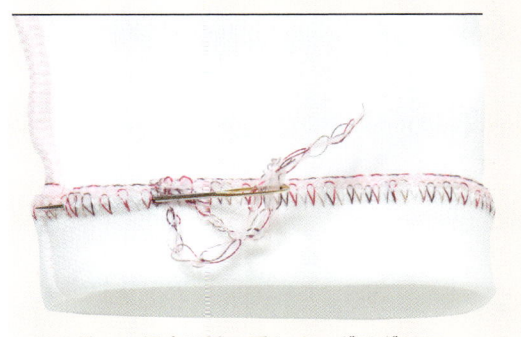

開き縫いの場合は縫い重ねず、ギリギリで縫い終え、固結びしておく。開いてから、結んだ糸端を毛糸針に通し、縫い目に2～3cm入れ込む。

● でき上がり！

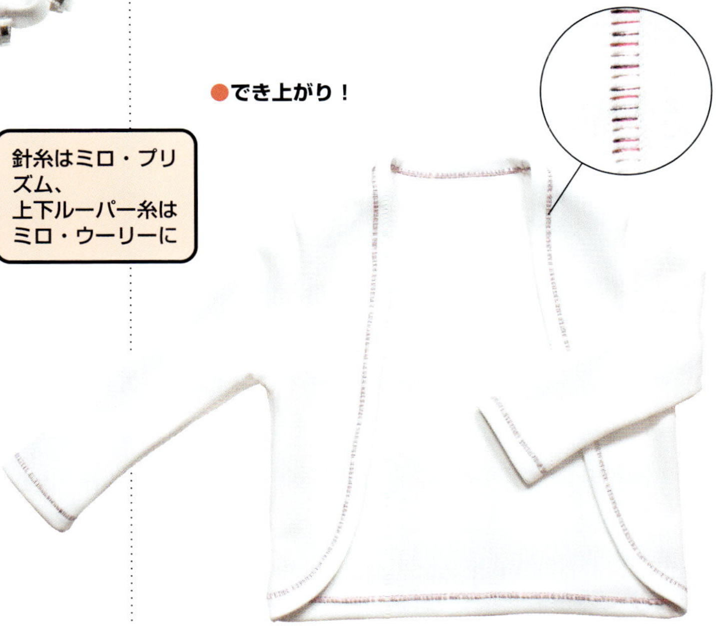

P.20…

C2
フリルカーディガン

ロックミシン　応用テク パイピング風ロック

●材料
160cm幅レーヨンベア天竺90cm
ミロ・マルチ1個
ミロ・ウーリー2個
★材料の数字はM・L・LL共通
★裁ち合わせ図、パターンはP.48のC1と同じ

●作り方順序
1 裁断し、印をつける
2 肩を縫い合わせ、袖をつける
3 袖下、脇を縫い合わせる
4 袖口、身頃端を始末する

1 裁断し、印をつける

前端、後ろ衿ぐり、後ろ裾、袖口のでき上がり線を消えるチャコで裏に入れる。

2 肩を縫い合わせ、袖をつける
3 袖下、脇を縫い合わせる

1本針3本糸（3色使用）
上下ルーパーウーリー糸
糸調子 4・4・5
かがり幅 小
送り目 普通ロック1
メス固定

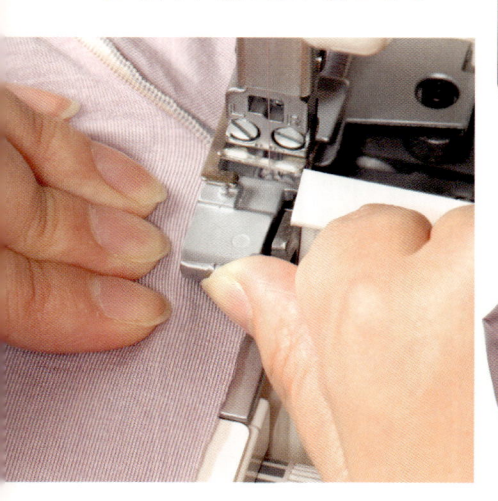

すべて外表にして、縫い合わせる。縫い済みの縫い代を横切って縫うときは、押さえ金を少し持ち上げ、左手で布を後ろに送ってあげるとスムーズに進む。

4 袖口、身頃端を始末する

1 差動を0.6にし、伸ばし縫い。布端を裏からぐるりと縫う。脇縫いなどの糸端は、終了直前にハサミで切る。

メス固定

2 表側にでき上がりで折り、クリップでとめる。折った端を1と同じように伸ばし縫いする。

縦横に伸びるベア天竺なら、フリルがきれいに出る。

P.19… **C3**
ロングカーディガン

ロックミシン　普通ミシン　応用テク：衿つけ／ベルトの作り方

●裁ち合わせ図

170cm幅　190cm

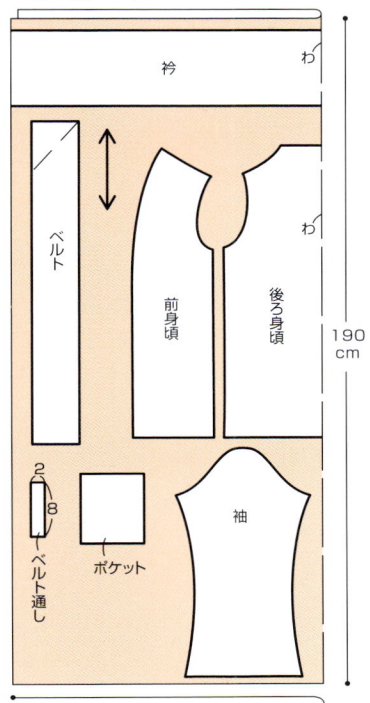

●材料
170cm幅綿リブ地190cm
万能接着芯テープ　エキストラテープ
ミロ・マルチ2個　ミロ・ウーリー2個
★材料の数字はM・L・LL共通

●作り方順序
1. 裁断し、印をつける
2. まとめてアイロンをかける
3. 肩を縫い合わせ、袖をつける
4. 袖下、脇を縫い合わせる
5. 衿を作り、つける
6. 袖口、裾をまつり縫い(裾引き始末)する ● P.46参照
7. ポケットを作り、つける
8. ベルトを作る
9. ベルト通しを作り、つける

★1〜2はP.48の1〜2、4はP.48の5、6はP.46の6を参照。

3 バルキー押えでエキストラテープを入れながら縫う。● P.35参照

7 ポケット口の裏に3cm幅の接着芯を貼る。ポケットを作り、直線ミシンで縫いつける。

5 衿を作り、つける
衿の両端(長い辺)を中表に縫い、表に返す。形を整え、身頃の表に合わせる。裾の縫い代は写真のように表に折っておく。バルキー押えを使い、エキストラテープを入れながら ● P.35参照 縫い合わせる。

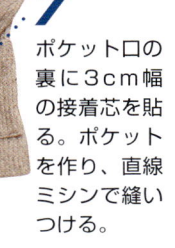

エキストラテープで型くずれ防止

1 裁断し、印をつける
1 衿は布幅いっぱいに粗裁ちする。写真のように型紙より幅が短いままでOK。

衿は布を伸ばしてから裁断

2 半分に折った衿をハンガーなどにかけ、型紙を後ろ中心にクリップでとめる。リブ地の横地なので、衿寸法まで自然に伸びる。この状態で、型紙通りに裁断する。

8 ベルトを作る
後ろ中心をバイアスで接ぐため、写真のように直角に重ねクリップでとめる。対角線をチャコで引き、メスでカットしながら縫い合わせる。

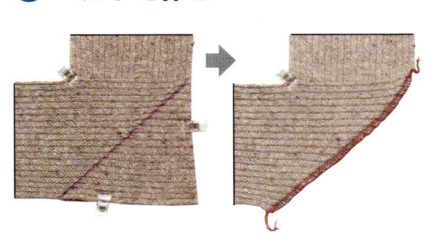

中表にして、周りを縫う。後ろ中心あたりを10cmくらい縫い外し、返し口にする。表に返し、形を整え、返し口をまつる。

9 ベルト通しを作り、つける
残布から8×2cmの長方形を裁つ。縦半分に折って縫う。

後ろ身頃のベルト通し位置に、直線ミシンで縫いつける。

P.25… D1 パターンDの基本の作り方です
丸衿テーラードジャケット

ロックミシン　普通ミシン

1 裁断し、印をつける

●裁ち合わせ図

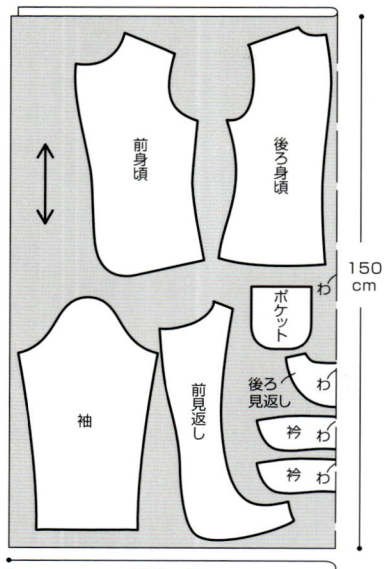

150cm
180cm幅

●材料
180cm幅綿ポンチ150cm
35cm幅万能接着芯テープ　伸び止めテープ
23mm径ボタン2個　ミロ・マルチ4個
★材料の数字はM・L・LL共通

実物大型紙を写し、パターンを作る。裁ち合わせ図のように裁断し、ノッチまたは消えるチャコペンなどで合印をつける。

2 接着芯を貼る

見返し、衿、袖口、後ろ裾、ポケット口に万能接着芯テープを、前身頃の脇以外の端、後ろ身頃の衿ぐり、袖ぐりに伸び止め接着テープをアイロンで貼る。

3.5cm　5cm　5cm

きれいな仕立てに芯は必須

カーブはアイロン定規で

3 まとめてアイロンをかける

裾、袖口、ポケットをでき上がりにアイロンで折っておく。ポケットのカーブはアイロン定規の丸い部分で整えると簡単。

4 後ろ中心を縫い合わせる

身頃の後ろ中心を縫い合わせる。

後ろ裾の縁をかがる。

5 肩を縫い合わせる

身頃、見返しの肩をそれぞれ縫い合わせる。

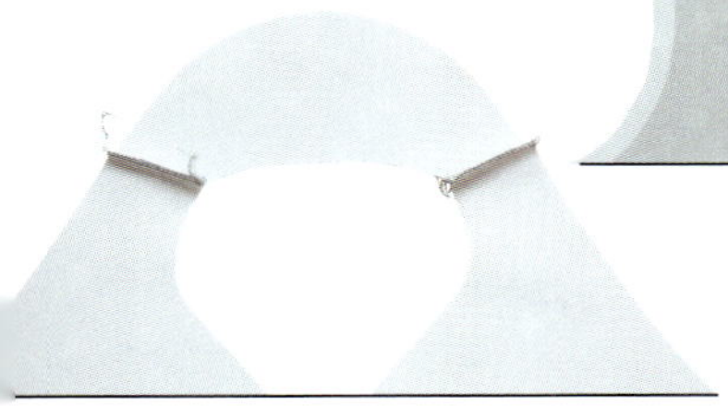

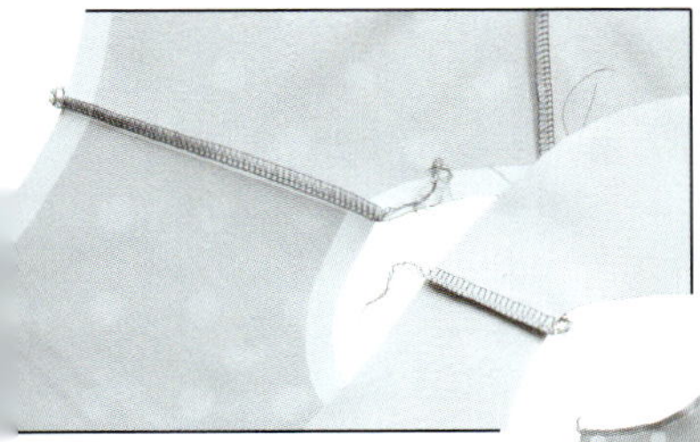

身頃は後ろ、見返しは前に肩の縫い代を倒す。互い違いにすることで、仕上がりがすっきりする。

見返しの外側の端を、メスを固定して表からかがり縫いする。

6 衿を作る

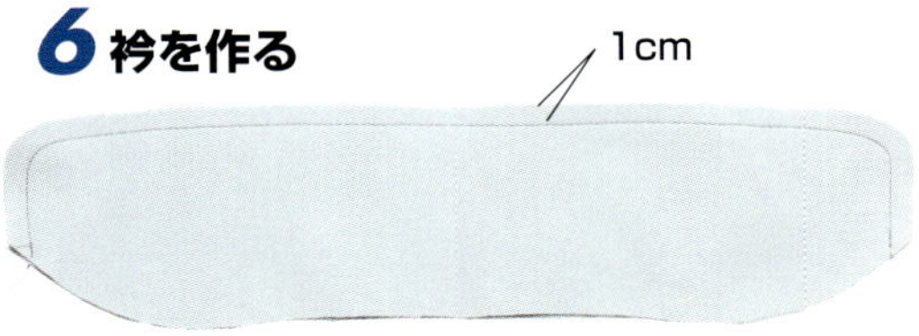

1cm

衿を中表に合わせ直線ミシンで縫う。

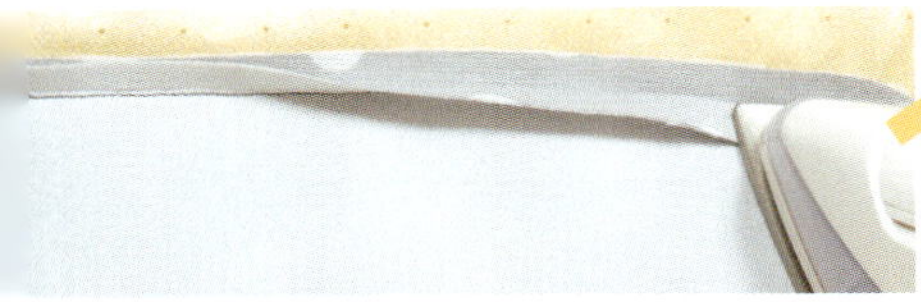

縫い代始末で仕立てに差が出る

片方の縫い代をアイロンで縫い目の際からしっかり割る。きれいに表に返すためのひと手間。

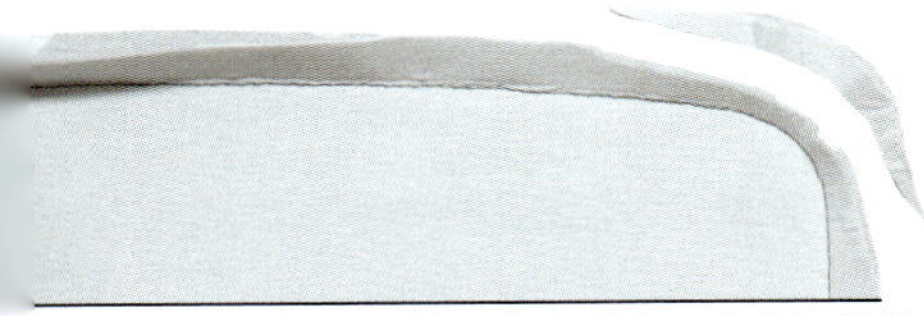

カーブ部分の縫い代を写真のように半分ほどハサミで切る。

カーブ部分は目打ちを使うとよい。

表に返してアイロンで整える。

7 衿をつける

0.8cm

身頃の表の衿ぐりに、衿を直線ミシンで仮止めする。

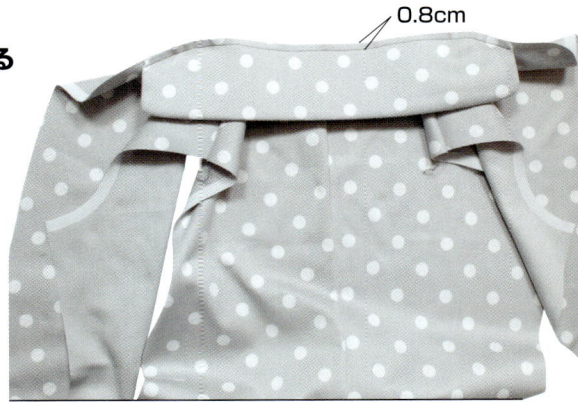

仮止めした衿の上に見返しを中表に合わせ、見返し側から直線ミシンで縫い合わせる。

1cm

見返しの縫い代をアイロンで割り、衿と同様に、裾と前端のカーブ部分の縫い代を半分に切る。

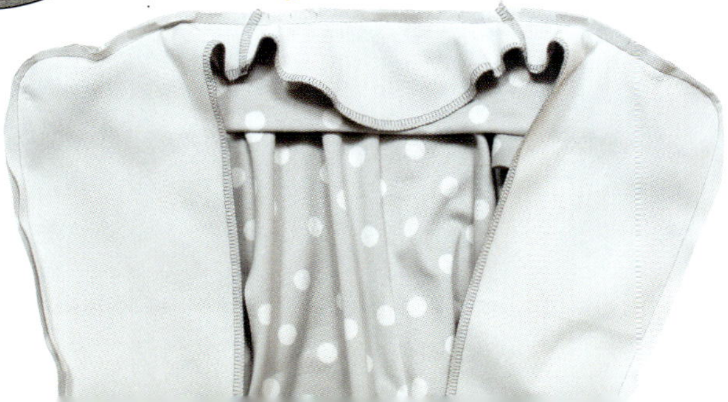

縫い目を切らないように注意！

衿が重なっている部分の衿ぐりの縫い代に、切り込みを入れる。表に返して、アイロンで形を整える。

8 脇を縫い合わせる

身頃を中表にして、脇と見返しを続けて縫う。前裾の縫い代は見返し側に倒す。

10 袖を作る

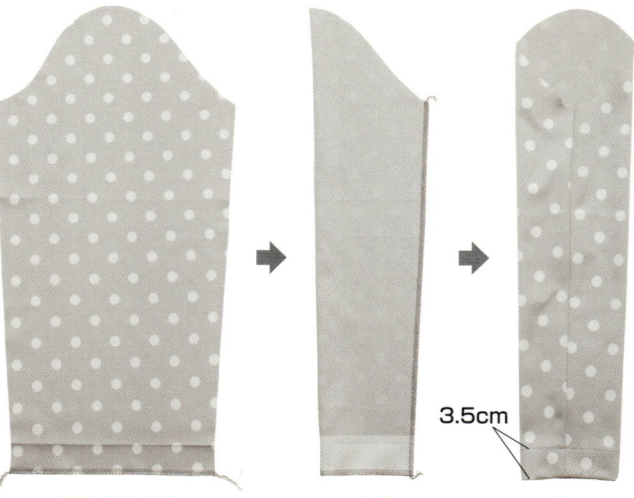

袖口の縁を表からかがる。

袖を中表にし、袖下を縫う。

3.5cm

表に返し、袖口を直線ミシンで始末する。

9 ステッチをかける

衿、前端、裾に続けて直線ミシンでステッチをかける。後ろ裾は3.5cm、他は0.8cm幅で。

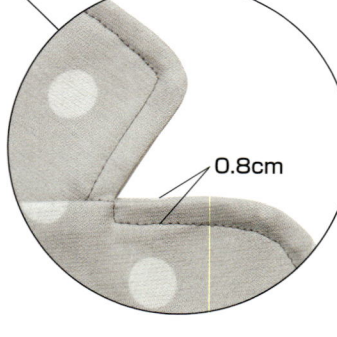

0.8cm

上衿から下衿に続くステッチは、写真のように縫い目の境に針が落ちるように。

前裾から後ろ裾に続くステッチは、写真のように脇の縫い代を押さえながら縫い進む。ステッチ定規を使うときれい。

👀 P.56 参照

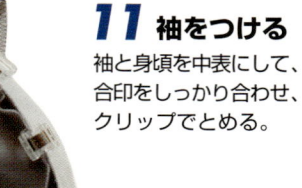

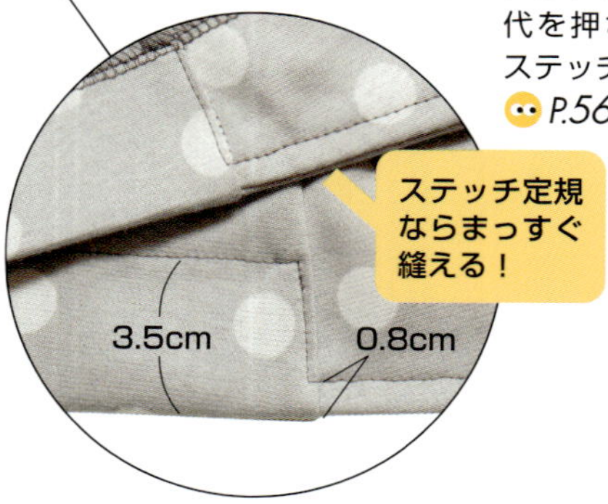

> ステッチ定規ならまっすぐ縫える！

3.5cm 0.8cm

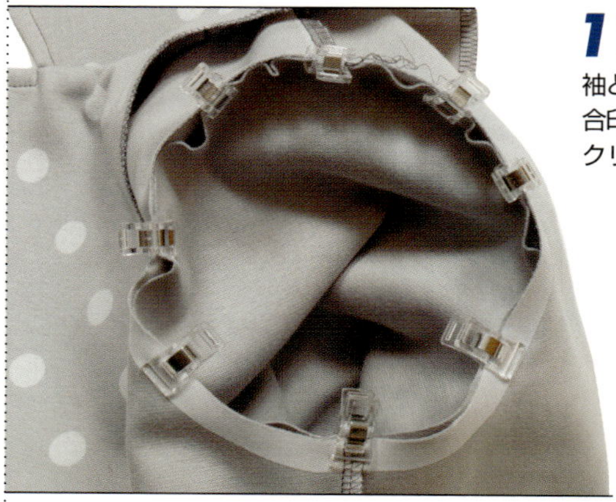

11 袖をつける

袖と身頃を中表にして、合印をしっかり合わせ、クリップでとめる。

かがり幅 大 メス固定

かがり幅は大、メスは固定に。芯を貼った身頃側から縫うと袖山のいせ分がうまく縫い込める。ずれやすいので、ピンセットで押さえながら縫い進めるとよい。

12 ポケットを作る

ポケット口の縫い代を縁かがりする。

ポケット口を直線ミシンで縫う。糸を切らず2つ続けて縫うとスピーディー。

2cm

13 ポケットをつける

型紙をあて、ポケット位置に消えるチャコで印をつける。型紙のポケット位置の角を切り抜いておくと簡単。

左右対称の位置に

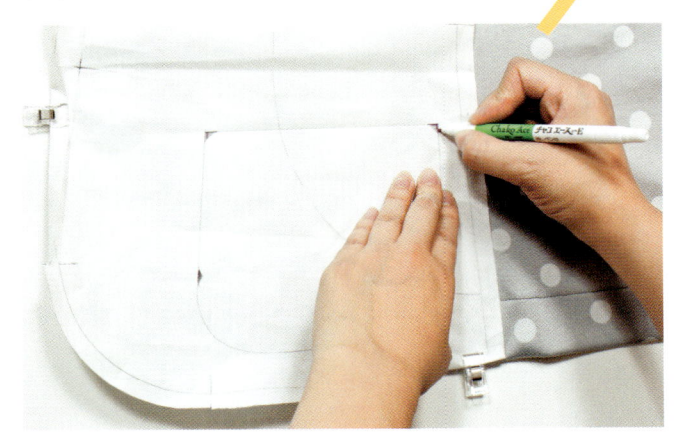

形を整えたポケットをポケット位置に置き、まち針でずれないようにしっかりとめる。

写真のように、直線ミシンで縫いつける。始めと終わりは返し縫いをすること。

14 後ろ見返しを始末する

後ろ見返しが浮かないように、身頃に直線ミシンで縫いとめる。

15 ボタンホールを作り、ボタンをつける

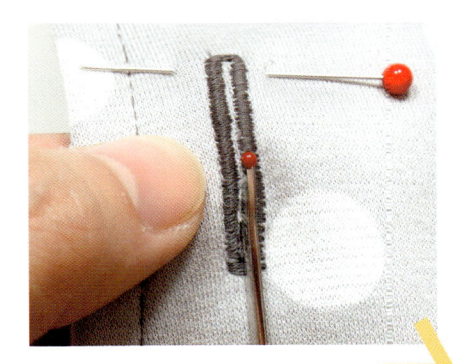

ボタンホール位置に消えるチャコで印をつけ、ボタンホールを作る。穴をあけるときは、端にまち針を差し、糸や布を切らないように注意。ボタンをつけて、完成！

まち針をストッパーに！

● でき上がり！

55

P.27…

D2
角衿テーラードジャケット

ロックミシン　普通ミシン　応用テク▶ロックミシンで衿作り&衿つけ

6,7

●材料
180cm幅スウェット150cm
35cm幅万能接着芯テープ
伸び止めテープ
ボタンホール芯
23mm径ボタン2個
ミロ・マルチ4個
★材料の数字はM・L・LL共通
★裁ち合わせ図はP.52のD1と同じ（D1とは衿のデザインが異なる）

●作り方順序
1. 裁断し、印をつける
2. 接着芯を貼る
3. まとめてアイロンをかける
4. 後ろ中心を縫い合わせる
5. 肩を縫い合わせる
6. 衿を作る
7. 衿をつける
8. 脇を縫い合わせる
9. ステッチをかける
10. 袖を作る
11. 袖をつける
12. ポケットを作る
13. ポケットをつける
14. 後ろ見返しを始末する
15. ボタンホールを作り、ボタンをつける

★6・7以外はすべてP.52〜55と同様。

6 衿を作る

衿の外側を縫い合わせ、縫い目の際で縫い代を折る。折った角の縫い代をつまみながら、指先で押し出すように表に返す。角がきれいに出ない場合は、目打ちを使う。

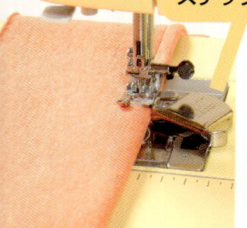

ステッチ定規

アイロンで形を整え、直線ミシンをかける。針板に固定できるマグネット式のステッチ定規を使うと、均一に縫える。
0.8cm

厚地の場合のきれいな形の衿にするコツ

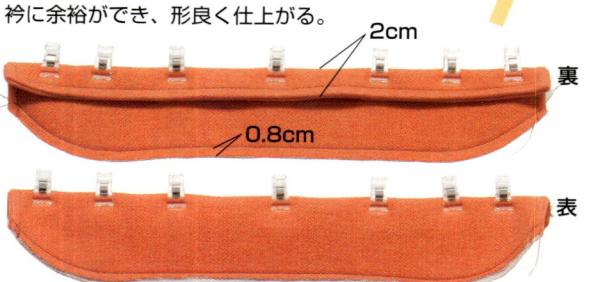

下の写真のように2cmくらい折り返し、クリップでとめる。布の厚みで縫い代が少しずれるので、その状態で衿つけ側を直線ミシンで仮止めする。こうすると表衿に余裕ができ、形良く仕上がる。
2cm
0.8cm
裏
表

15
横位置のボタンホールは伸びやすいため、ボタンホール位置をボタンホール芯で挟んで作る。
★ボタンホール芯1260円／クライ・ムキ（株）

7 衿をつける

身頃に衿をのせ、直線ミシンで仮止めする。衿端は外れやすいので、特にしっかりと縫っておく。

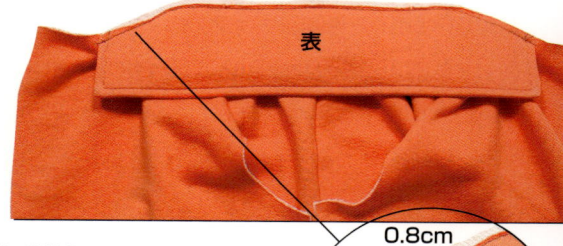

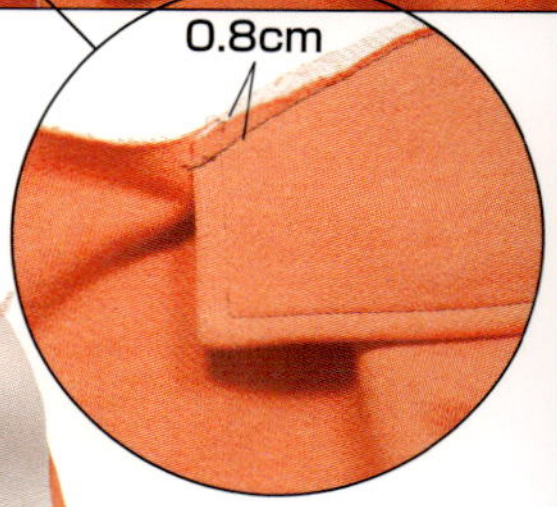

表
0.8cm

見返しを衿の上に合わせ縫う。メスで切りながら縫うので、重なった縫い代整理ができる。先に仮止めした縫い目が中に縫い込まれるように、かがり幅は大にする。

かがり幅 大

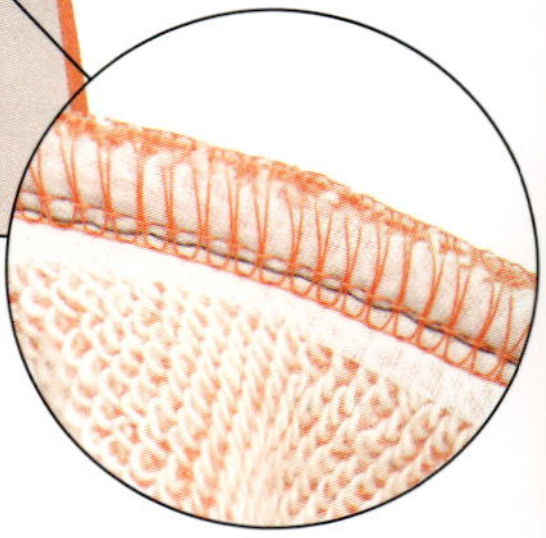

前端から裾の見返しを身頃と縫い合わせる。

表に返し、アイロンで形を整え周囲をステッチで押さえる。下衿のステッチは、写真のように上衿のつけ位置から始める。

0.8cm

P.26… **D3**
ヘチマ衿ジャケット

ロックミシン　普通ミシン　応用テク パイピングコード仕立て

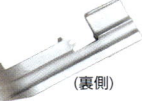

パイピング押え
(3mm用・5mm用)
(裏側)／(株)ジューキ
別売各2100円(税込)

● 裁ち合わせ図

前身頃／前見返し／後ろ見返し／わ／ポケット／袖／後ろ身頃／でき上がりで切る／袖口見返し
160cm
180cm幅

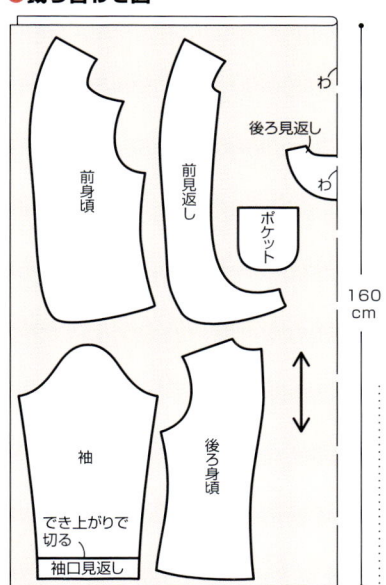

● 材料
180cm幅レーヨンポンチ160cm
万能接着芯テープ
伸び止め接着テープ
パイピングコード4m
2cm径ボタン2個
ミロ・マルチ4個
★材料の数字はM・L・LL共通
★5mm用の「パイピング押え」を使用

● 作り方順序
1　裁断し、印をつける
2　接着芯を貼る　P.52参照
3　後ろ中心、肩、衿ぐりを縫い合わせる
4　パイピングコードをつける
5　身頃、袖口に見返しをつける
6　脇、袖下をそれぞれ縫い合わせる
7　見返しの端にぐるりと直線ミシンをかける
8　ポケットをつける
9　後ろ見返しを始末する
10　袖をつける
11　ボタンホールを作り、ボタンをつける
★1・2はP.52の1・2、6〜10はP.54の8〜P.55の15を参照。

3 後ろ中心、肩、衿ぐりを縫い合わせる

身頃、衿の後ろ中心を縫い合わせる。

前後身頃の肩から衿ぐりを縫い合わせる。

4 パイピングコードをつける

● ポケット

1　ポケットの表にパイピングコードをのせ、クリップでとめる。パイピング押えを使い縫う。押え金の裏の溝に立体的なコードをはめ込めるので、スムーズに縫える。

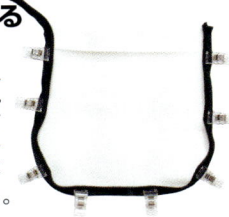

かがり幅 大
送り目 普通ロック3
メス固定

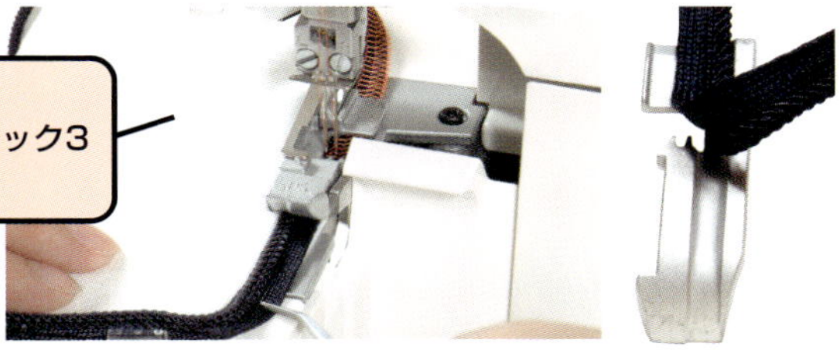

でき上がり線

2　写真のようにでき上がり線からでき上がり線までつける。途中からの縫い始めがうまくできない場合は、端から縫って、後ででき上がり位置までほどけばよい。

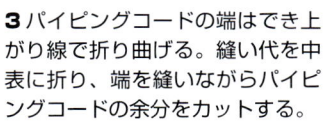

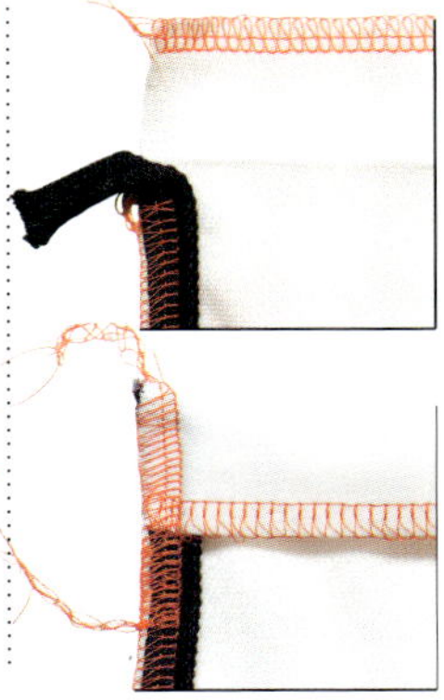

3　パイピングコードの端はでき上がり線で折り曲げる。縫い代を中表に折り、端を縫いながらパイピングコードの余分をカットする。
4　表に返し、ポケット口に直線ミシンをかける。

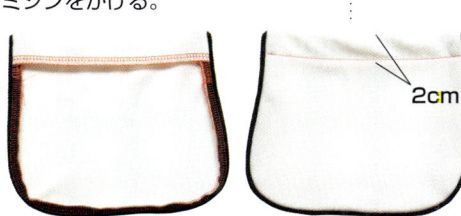

● 身頃、袖口

イラストのように、身頃、袖口とも見返しの表にぐるりとパイピングコードを縫いつける。コードのついた見返しと身頃、袖口をそれぞれ中表に合わせ、パイピング押えを使って縫う(送り目は2.5に戻す)。表に返して、ステッチで押さえる。

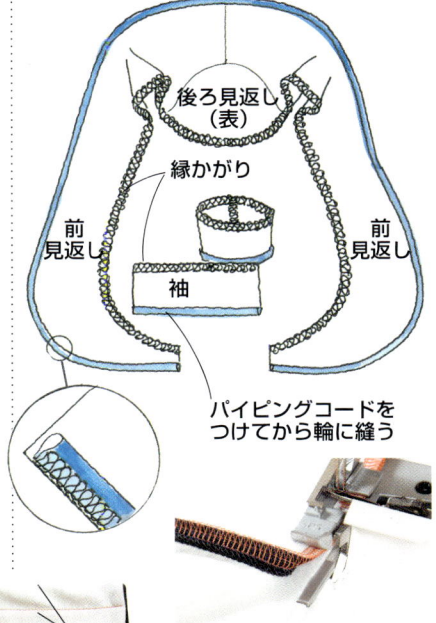

後ろ見返し(表)／縁かがり／前見返し／前見返し／袖

パイピングコードをつけてから輪に縫う

2cm

57

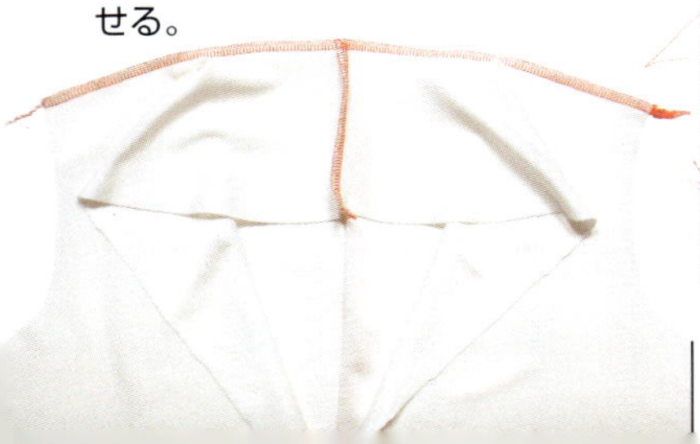

P.22… **E1 バルーンスカート**

ロックミシン／普通ミシン　応用テク：セパレート押えの使い方（ギャザー寄せと縫い合わせ）・ゴムテープ通し

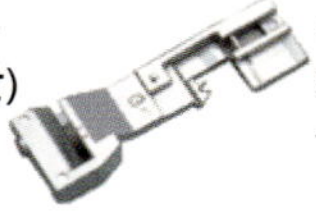

セパレート押え　別売2625円（税込）／(株)ジューキ

セパレート押えの使い方

押さえ金を上げ、ギャザーを寄せたい布を置く。押さえ金を下げ、縫い合わせる布を写真のように上の口に入れる。送り目は3～4にする。

針の落ちるところまで上下の布をセットし、縫う。下の布にだけギャザーが寄り、同時に縫い合わせもできるから、一石二鳥！

1 裁断し、印をつける

●裁ち合わせ図

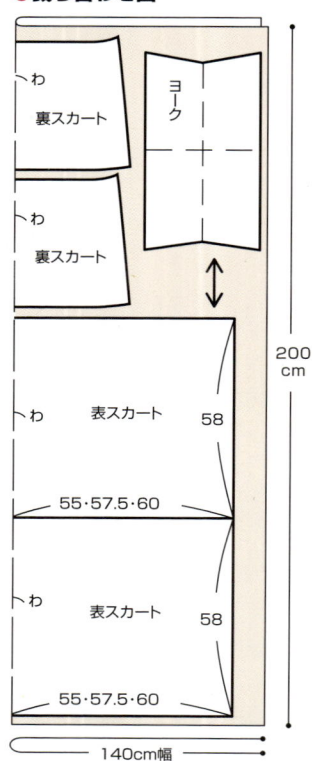

（裏スカート・ヨーク・表スカート 58・55・57.5・60、200cm、140cm幅）

●材料
140cm幅タフタ200cm
1.5cm幅ゴムテープ
ミロ・マルチ4個
★材料の数字はM・L・LL共通

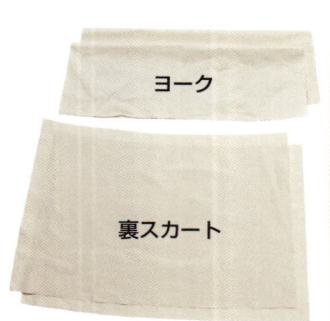

実物大型紙を作り、裁ち合わせ図のように裁断する。ノッチまたは消えるチャコで合印を入れる。

2 表スカートと裏スカートの裾を縫い合わせる

表スカートと裏スカートを中表にして、右の「セパレート押えの使い方」の写真解説のように縫い合わせる。メスは固定し、差動は1.8の縮み縫いに。ただし、生地によってギャザーの入り方に違いが出るので、試し縫いをしっかりして決めること。

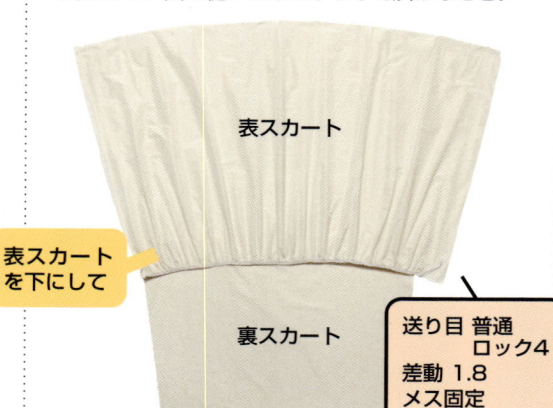

表スカートを下にして

送り目 普通
ロック4
差動 1.8
メス固定

生地によりギャザー分の誤差が出るため、あらかじめ表スカートの寸法は多めにしてある。余分な幅は切る。切った後、縫い目がほつれないようにクリップを止めておく。

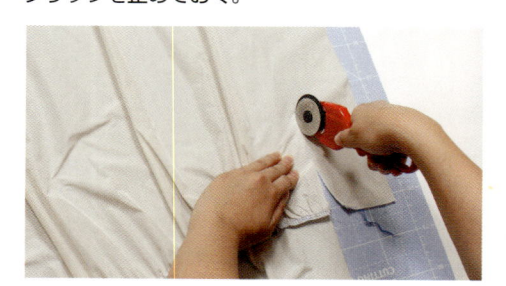

3 スカートとヨークの脇を縫い合わせる

表スカートと裏スカートの脇を続けて縫い合わせる。ヨークの脇も縫い合わせる。ヨークの片脇には、右ページの写真解説のように返し縫いをして、ゴム通し口を縫い残す。

送り目 普通
ロック2.5
かがり幅 M

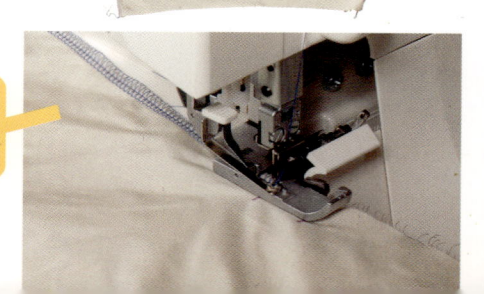

ヨークにはゴム通し口を作る

Point ロックミシンで返し縫い

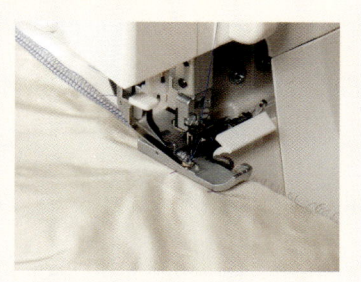

1 縫い止まり位置まで縫う。

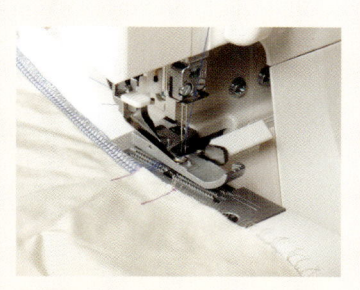

2 押さえ金、針を上げ、布を後ろに少しよける。

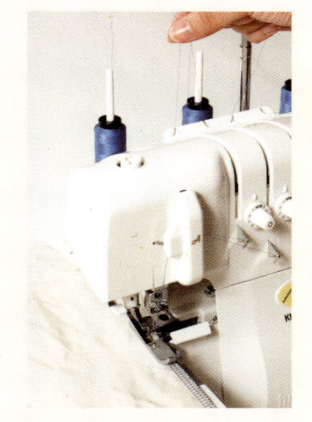

3 布を裏にひっくり返し、写真のように4本の糸を引いて、たるみをなくす。

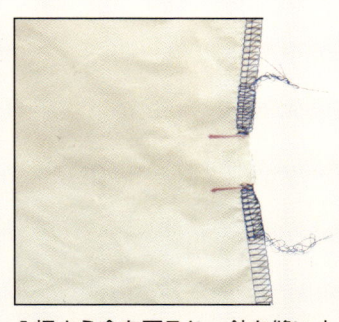

4 押さえ金を下ろし、針を縫い止まり位置に戻してメスを固定し、2～3cm縫い重ねる。両方向から縫えば、ゴム通し口のでき上がり。

4 ヨークをつける

1 表スカートにギャザーを寄せる

表スカートの前後中心に消えるチャコでしっかり印をつける。

差動 2
送り目 普通
　　　ロック4
かがり幅 小

差動の縮み縫いを使い、表スカートの切り替え位置の縫い代を縫う。左右の脇はギャザーがいらないので、2cmくらい縫い残す。

2 ヨークを準備する

脇を縫ったヨークをウエストで半分に折り、クリップでとめ、アイロンで形を整える。

ウエストを直線ミシンでぐるりと縫い、ゴム通し部分を作る。ヨークの下端をずれないように仮止めする。

3 ギャザーを整える

糸端はしっかり結んで

ギャザーの糸端を結ぶ。表スカートと裏スカートを外表に合わせ、脇、前後中心をクリップでとめる。

裏スカートの寸法に合うように、目打ちでギャザーの針糸を引き、整えながらクリップで細かくとめる。ずれないように粗ミシンで仮止めしておくとよい。

4 ヨークとスカートを縫い合わせる

かがり幅 大

ヨークとスカートを中表にし、切り替え部分を縫い合わせる。ヨークはゴム通し口があるほうが裏。

5 ゴムテープを通す

ゴムテープを通す。ゴムテープの両端はミシンまたは手縫いで縫いとめる。

● でき上がり！

E2 ティアードスカート

P.23

ロックミシン／普通ミシン／応用テク フリルつけ（セパレート押え使用）

●裁ち合わせ図

ヨーク
12×11本
わ
160cm
120cm幅

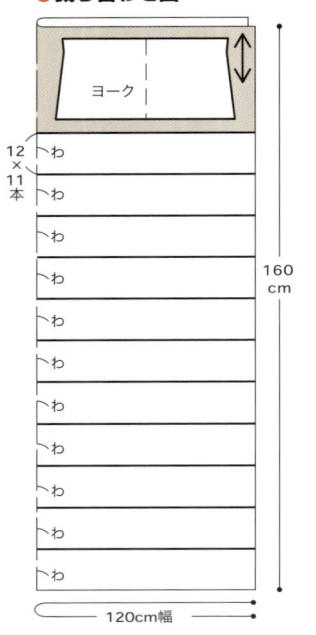

●作り方順序

1. 裁断し、印をつける
2. ヨークの片脇を縫い合わせる
3. フリルを接ぎ合わせる
4. フリルをつける
5. 脇、ウエストを始末する
6. 裾を始末する
7. ゴムテープを通す

●材料

120cm幅ワッシャータフタ160cm
2cm幅ゴムテープ
ミロ・マルチ4個
★材料の数字はM・L・LL共通

6
裾は標準巻きロック P.61参照 で始末する

4 フリルをつける

セパレート押えを使い P.58参照、ヨークとフリルを縫い合わせる。1段目を縫い終えたら、写真のように脇でカットし、残りを2段目、同様に3段目…として、5段縫い合わせていく。ギャザーを寄せる下段を下にして縫うこと。

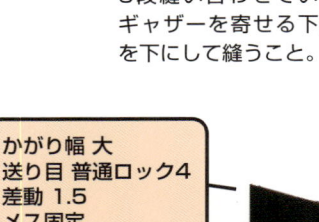

かがり幅　大
送り目　普通ロック4
差動　1.5
メス固定

2 ヨークの片脇を縫い合わせる
3 フリルを接ぎ合わせる

前後ヨークを中表にして、片方の脇のみ縫い合わせる。裁断したフリル用の布を中表にすべて接ぎ合わせる。

5 脇、ウエストを始末する

ウエスト端をかがり縫い。中表にして脇を続けて縫う。ゴム通し口は縫い残し、返し縫い P.59参照 しておく。ウエストをでき上がりに折り、直線ミシンで始末する。

P.23…

E3
ダブルフレアスカート

ロックミシン　普通ミシン　▶ 応用テク 標準巻き（平巻き）ロック始末

● 裁ち合わせ図

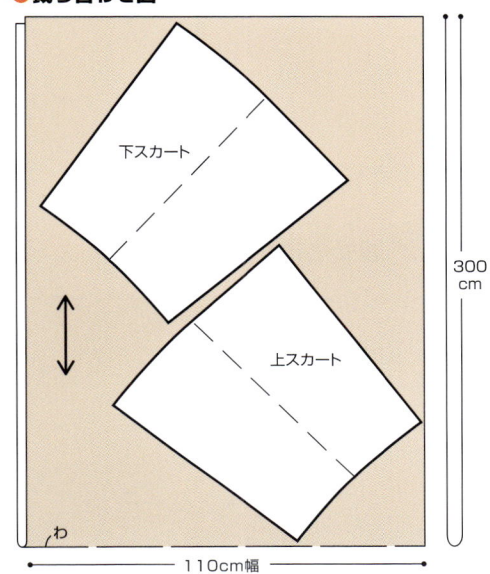

110cm幅　300cm　わ

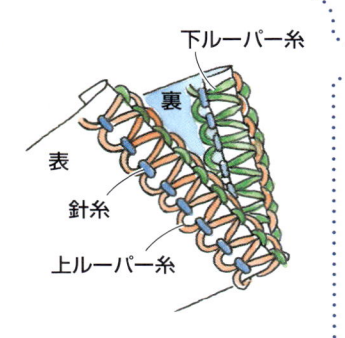

● 材料
110cm幅シフォンジョーゼット300cm
3cm幅ゴムテープ　ミロ・マルチ3個
★材料の数字はM・L・LL共通

● 作り方順序
1. 裁断し、印をつける
2. 脇を縫い合わせる
3. ウエストを始末する
4. 裾を始末する

標準巻き（平巻き）ロックのしくみ
布端を巻き込みながらかがるのは、変形巻き（全巻き）ロック😊 P.38 参照 と同様。違う点は、上下ルーパー糸が布端で交差すること。その分ボリュームが押さえられる。

（図：下ルーパー糸・裏・表・針糸・上ルーパー糸）

4 裾は標準巻きロックで始末する。1本針3本糸・送り目巻きロック1・かがり幅M・糸調子は普通ロックと同様に。

2 脇を縫い合わせる
上下スカートをそれぞれ中表にして、脇を縫い合わせる。バイアス地なので差動（縮み縫い）を使い、下から上に向かって縫うとよい。

1本針3本糸
かがり幅 小
送り目 普通
　　　 ロック2
差動 1.5

3 ウエストを始末する

1 上下スカートをでき上がりに重ね、ウエスト端を二枚一緒に縁かがりする。ウエストをでき上がりにアイロンで3cmに折っておく。

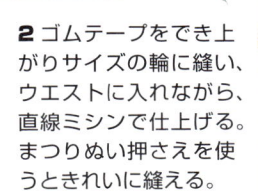

2 ゴムテープをでき上がりサイズの輪に縫い、ウエストに入れながら、直線ミシンで仕上げる。まつりぬい押さえを使うときれいに縫える。

WAVEロックで作ってみよう！

A6 フリルつきシャツ
P.13

糸取物語WAVE ／ 普通ミシン ／ 応用テク

『糸取物語WAVE』で縫えるウェーブロックの飾り縫い

●裁ち合わせ図

袖口布／前身頃／後ろ身頃／衿ぐり布(1枚)／袖／フリル
100cm
160cm幅

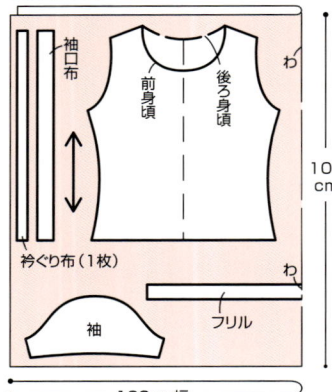

●材料
160cm幅フライス100m
伸び止め接着テープ
ミロ・マルチ4個　ミロ・ウーリー2個
★材料の数字はM・L・LL共通

WAVEをセット
1本針(右)3本糸
★ウェーブロックの場合は糸の掛け方が変わるので注意

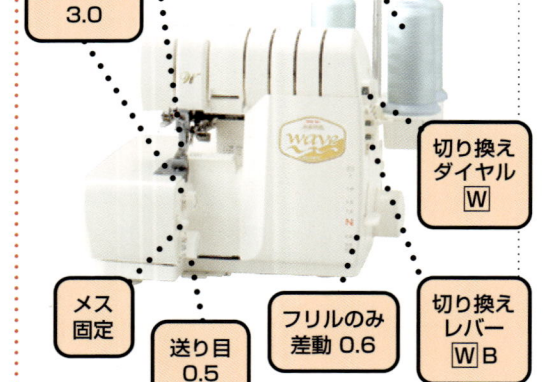

上下ルーパー ウーリー糸
上ルーパー糸の色を変える

1本針(右)
かがり幅 3.0
メス固定
送り目 0.5
フリルのみ 差動 0.6
切り換えダイヤル W
切り換えレバー W B

基本縫いの切り換え
A：2本針4本糸ロック　WB：ウェーブロック
B：1本針3本糸ロック　WC：ウェーブの巻き
C：標準巻きロック　　　　ロック
D：変形巻きロック

●作り方順序
1. 裁断し、印をつける
2. 伸び止めテープを貼る
3. フリルを作り、つける
4. 肩を縫い合わせる
5. 衿を作り、つける
6. 袖を作り、つける
7. 袖下、脇を縫い合わせる
8. 袖口を始末する
9. 裾を始末する
10. 飾り縫いをする

★3・9・10以外はP.39と同様です。

3 フリルを作り、つける
残り布から3.5cm×85cmのフリルを裁つ。両端はウェーブロックで始末する。

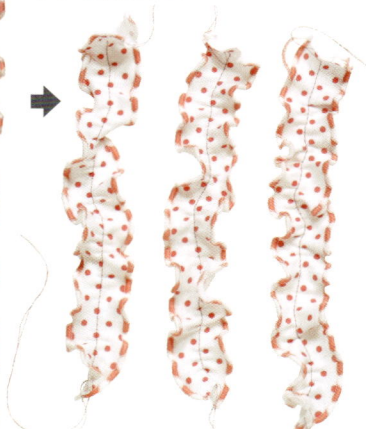

フリルを3等分にカットし、中心にギャザー寄せのための粗ミシンをかける。

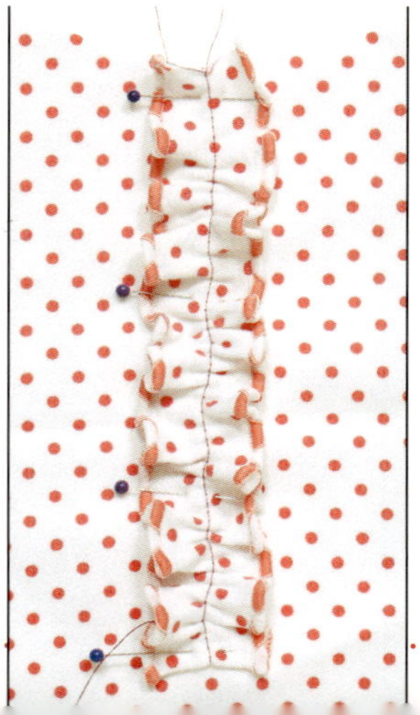

身頃のフリルつけ位置に、ギャザーを寄せながら寸法を合わせて待ち針でとめる。下端は1cm内側に折り、粗ミシンの上から直線ミシンで縫う。下端はしっかり返し縫いを。

10
衿端、袖口に表からウェーブロックをかける。差動はNで。

9 裾を始末する
裾をでき上がりに折り、さらに同じ幅で折り返し、三つ折りにする。表から端にウェーブロックをかける。

折り返していた分を戻し、でき上がりの裾端に表からウェーブロックをかけると2段フリルのでき上がり。

P.21…

C4
フリルベスト

糸取物語WAVE　普通ミシン　応用テク　『糸取物語WAVE』で縫えるウェーブの巻きロック

● 裁ち合わせ図

リボン　前身頃　後ろ身頃　わ　110cm　フリル衿　フリル衿
120cm幅

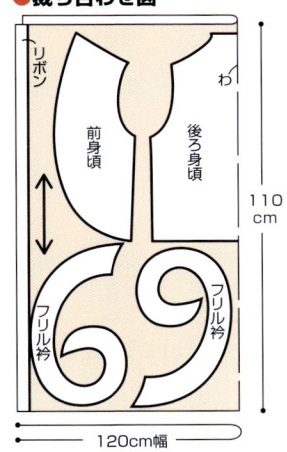

● 作り方順序
1. 裁断し、印をつける
2. 肩、脇、袖ぐりを縫い合わせる
3. フリルを作る
4. フリルをつける
5. 裾を始末する
6. リボンを作り、リボン通しをつける

★フリルづくりはP.20のC4のようにロックミシンの巻きロックでも作ることができる

● 材料
120cm幅シフォンジョーゼット110cm
ミロ・マルチ3個　ミロ・ウーリー2個
★材料の数字はM・L・LL共通

2 肩、脇、袖ぐりを縫い合わせる

前後身頃を外表に合わせ、肩、脇、袖ぐりの順にウェーブ巻きロックで縫い合わせる。

送り目 普通　ロック1
差動 N
切り換え
ダイヤル W C
(他は左ページと同様)

3 フリルを作る

フリルの外側に、表側からウェーブの巻きロックをかけ、始末する。

4 フリルをつける

1本針3本糸
かがり幅 M
送り目 普通
ロック2
メス固定にセット

フリルは二枚ずつ外表に合わせ、身頃と縫い合わせる。

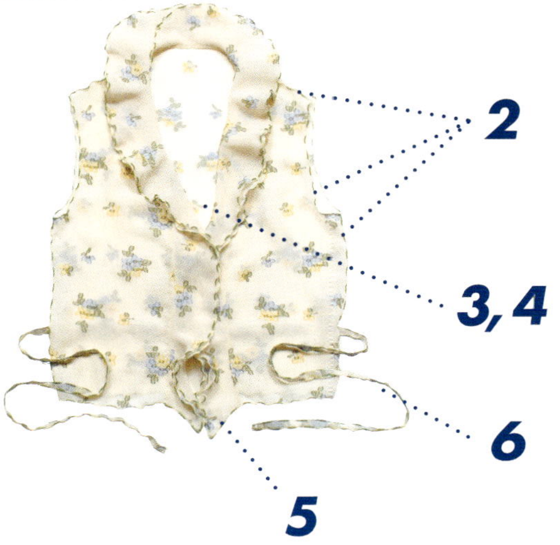

5 フリルの端から続けてウェーブ巻きロックで裾始末する。

6 リボンを作り、リボン通しをつける

残り布の耳を使い、接ぎ合わせてリボンを作る。1.5cm×170cmのリボンの周囲をウェーブの巻きロックで始末する。

普通ロックでフリルつけ

身頃側に直線ミシンでステッチをかけ、縫い代を押さえる。

空環を細めの毛糸針に通し、両脇のリボン通し位置に輪になるように縫いつける。

63

P.22…

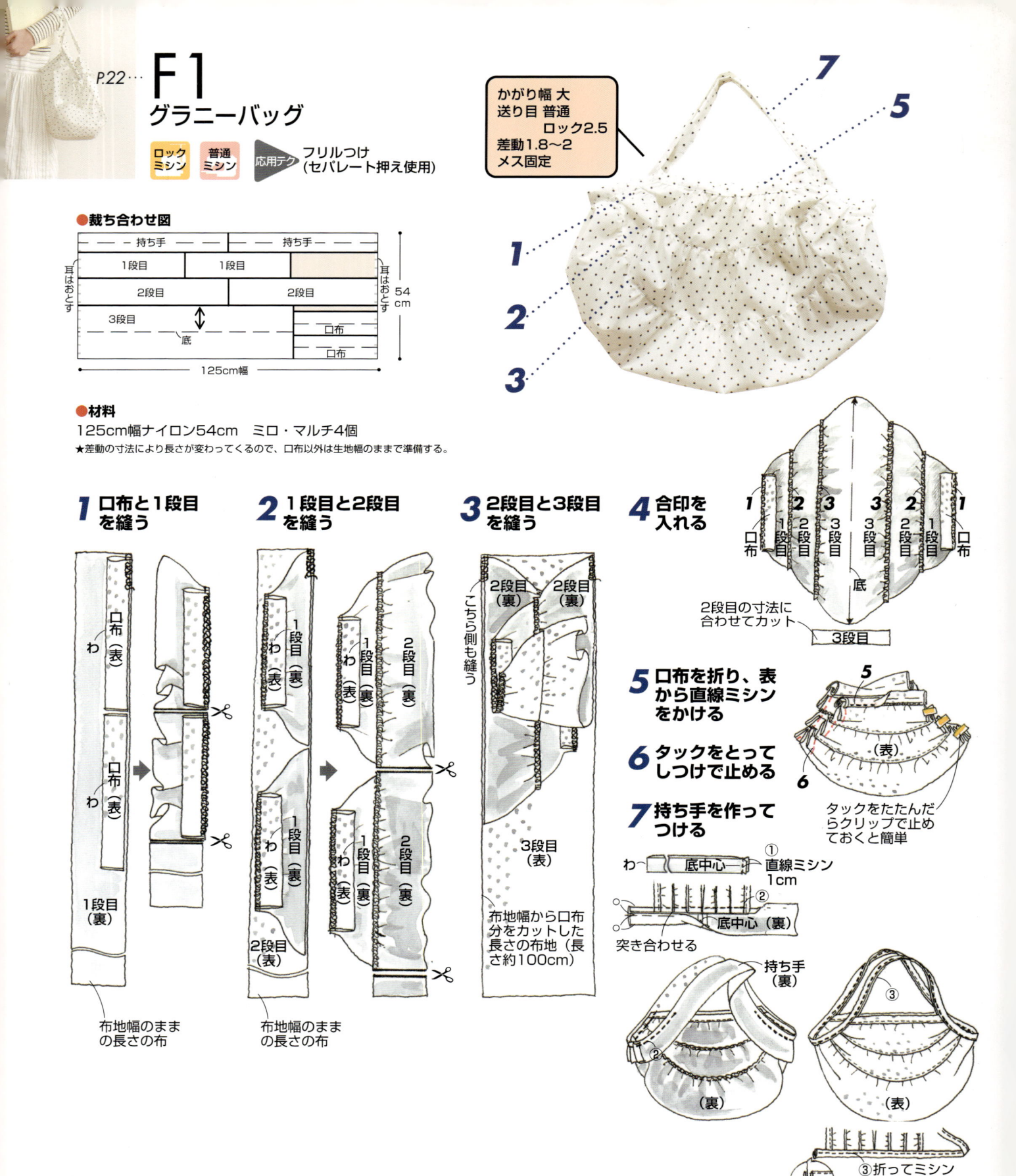

F1
グラニーバッグ

ロックミシン　普通ミシン　応用テク　フリルつけ（セパレート押え使用）

かがり幅 大
送り目 普通
ロック2.5
差動1.8〜2
メス固定

● 裁ち合わせ図

持ち手　持ち手
1段目　1段目
2段目　2段目
3段目　口布
底　　口布
耳はおとす　54cm
125cm幅

● 材料
125cm幅ナイロン54cm　ミロ・マルチ4個
★差動の寸法により長さが変わってくるので、口布以外は生地幅のままで準備する。

1 口布と1段目を縫う

口布（表）わ　口布（表）わ　1段目（裏）
布地幅のままの長さの布

2 1段目と2段目を縫う

1段目（表）わ　2段目（表）わ　1段目（裏）　2段目（裏）
布地幅のままの長さの布

3 2段目と3段目を縫う

2段目（裏）　2段目（裏）
こちら側も縫う
3段目（表）
布地幅から口布分をカットした長さの布地（長さ約100cm）

4 合印を入れる

1 2 3 3 2 1
口布 1段目 2段目 3段目 3段目 2段目 1段目 口布
底
2段目の寸法に合わせてカット
3段目

5 口布を折り、表から直線ミシンをかける

6 タックをとってしつけで止める

7 持ち手を作ってつける

タックをたたんだらクリップで止めておくと簡単

① わ　底中心　直線ミシン1cm
② 底中心（裏）　突き合わせる
持ち手（裏）
③ 折ってミシン
（裏）（表）

P.23

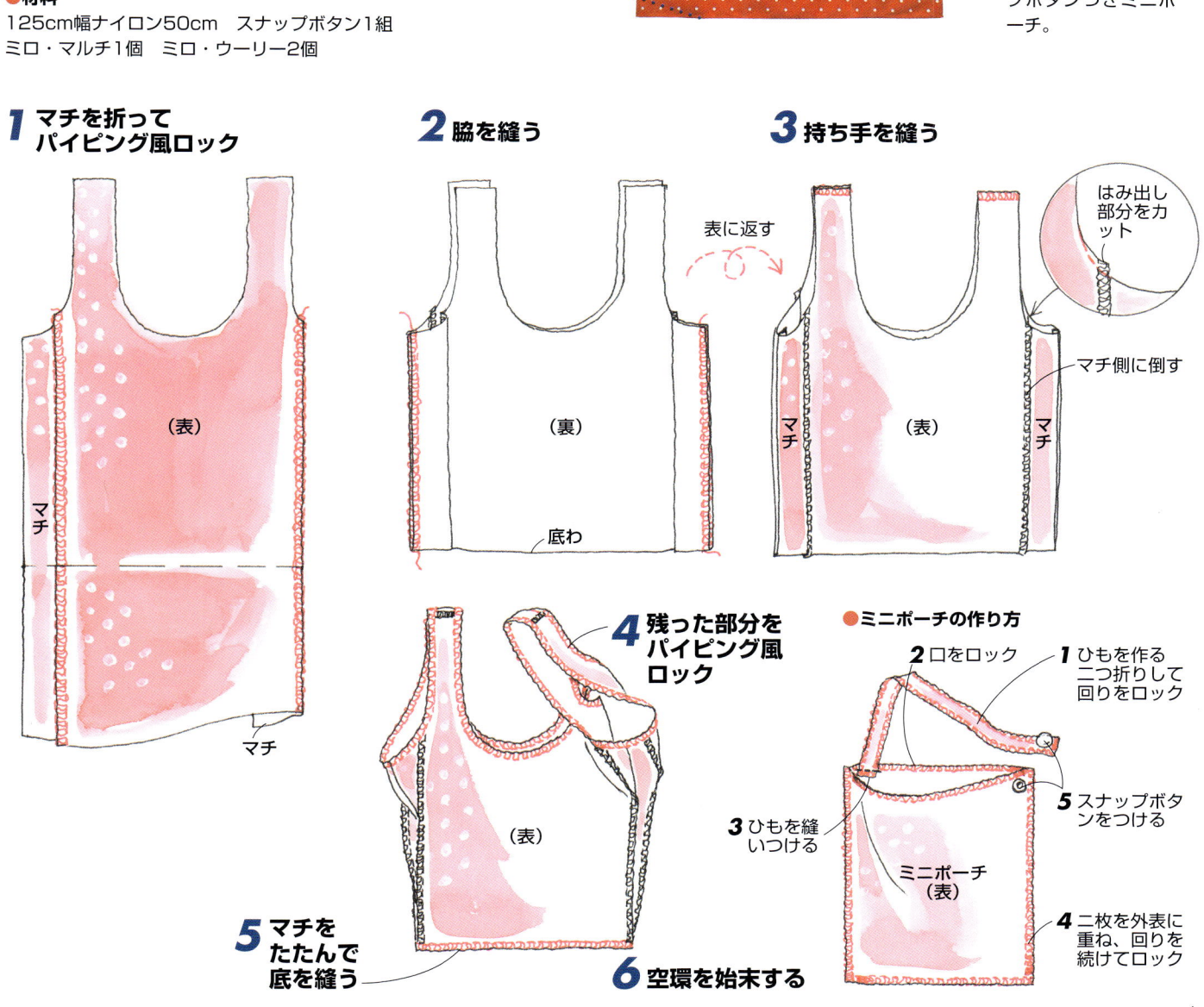

F2
マーケットバッグ

ロックミシン　応用テク パイピング風ロック

● 裁ち合わせ図

持ち手 3 / 25 / 18 / 15 / ポーチ / 本体 / 底わ / 50cm / 125cm幅

1本針3本糸
（上下ルーパー糸はウーリー糸）
※針糸の糸調子を強くする
かがり幅 小
送り目 普通
ロック1
メス固定

● 材料
125cm幅ナイロン50cm　スナップボタン1組
ミロ・マルチ1個　ミロ・ウーリー2個

折りたたんで持ち歩ける、便利なスナップボタンつきミニポーチ。

1 マチを折ってパイピング風ロック

（表）／マチ

2 脇を縫う

表に返す
（裏）／底わ

3 持ち手を縫う

はみ出し部分をカット
マチ側に倒す
マチ／（表）／マチ

4 残った部分をパイピング風ロック

（表）

5 マチをたたんで底を縫う

6 空環を始末する

● ミニポーチの作り方

1 ひもを作る　二つ折りして回りをロック
2 口をロック
3 ひもを縫いつける
4 二枚を外表に重ね、回りを続けてロック
5 スナップボタンをつける

ミニポーチ（表）

キーワード Index

この本に出てくる主な単語です。ロックミシンならではの単語もあるので参考にしてください。

あ
合印　34
アイロンスケール　33,35,42
アイロンペーパー　33
アタッチメント　46, 57, 58

い
いせ込み　29
1本針3本糸　28
1本針2本糸　28
糸調子ダイヤル　29
糸のほどき方　31
糸端始末　37,38

う
ウェーブロック　29,62
ウェーブ巻きロック　63
上ルーパー糸　29
内角の縫い方　31
ウーリー糸　28,32
ウーリースピンテープ　33

え
エアスルーシステム　29
エキストラテープ　33,51

お
送り目　29
重り　30,33

か
かがり幅　28
飾りステッチ　32,48
カッティングボード　33
カーブの縫い方　31
カバーステッチ　44,47
空環（カラカン）　35,37

き
ギャザー寄せ　29,39

さ
差動・差動レバー　29

し
ジグザグミシン　43
下ルーパー糸　29
自動エア糸通し　29

す
裾引き始末（まつり縫い）　46
ステッチ定規　54,56

せ
セパレート押え　58,60,64
全巻き（変形巻き）ロック　38

そ
外角の縫い方　31
ソーイングクリップ　33,36

ち
縮み縫い　29,36,40
チェーンステッチ　47
チャコエース　33,55
直線ミシン始末　36,41,54

に
ニット用裾まつり押え　46,51
2本針4本糸　28

の
ノッチの入れ方　34
伸ばし縫い　29
伸び止めテープ　33,35

は
パイピング押え　57
パイピング風ロック　50,65
針板　30,35
針糸　28
バルキー押え　35,51
万能接着芯テープ　33,45,52

ひ
屏風だたみ縫い　37
標準巻き（平巻き）ロック　61
開き縫い　45,49
平巻き（標準巻き）ロック　61
ピンセット　33,54

ふ
縁かがり　28
普通ミシン　4,43
ふらっとろっく　4,44,47
フリルつけ　60,64

へ
変形巻き（全巻き）ロック　38

ほ
ボタンホール　55
ボタンホール芯　56
ボールポイント目打ち　33,53,59

ま
巻きロック　28
まつり縫い（裾引き始末）　46

め
目打ち　33,53,59
メスロック　28

り
両面熱接着テープ　33

る
ルーパー糸　29

ろ
ロータリーカッター　33,58
ロックミシン　4,34

著者紹介

クライ・ムキ

本名、倉井美由紀。1949生まれ水瓶座。岩手県花巻市出身。女子美術短期大学卒業後、1971年よりフリーのデザイナーに。2001年より自身のアトリエをオープンし、ソーイング教室を開催。現在、雑誌、TV、セミナーのほか、ミシンのプロデュースなど各方面で活躍中。

クライ・ムキ ソーイング教室 お問い合わせ先
TEL：03-5738-9155

Kurai Muki Pattern Sewing
クライ・ムキのLaLaLa2
ロックミシンの基礎

発行日／2007年3月12日
著者：クライ・ムキ
発行人：瀬戸信昭
編集人：小林和雄
発行所：株式会社日本ヴォーグ社
〒162-8705 東京都新宿区市谷本村町3-23
TEL：販売03-5261-5081 編集03-5261-5083
振替：00170-4-9877
出版受注センター　TEL：048-480-3322
　　　　　　　　　FAX：048-482-2929
印刷所：大日本印刷株式会社
Printed in Japan ©Muki Kurai 2007

●本書の複製権・翻訳権・上映権・譲渡権・公衆送信権（送信可能化権を含む）は株式会社日本ヴォーグ社が保有します。
JCLS 〈（株）日本著作出版管理システム委託出版物〉
本書の無断複写は著作権法上での例外を除き禁じられています。
複写される場合は、そのつど事前に（株）日本著作出版管理システム（TEL.03-3817-5670、FAX.03-3815-8199）の許諾を得てください。
●万一、落丁本、乱丁本がありましたら、小社販売部までご連絡ください。
印刷物のため実際の色とは色が異なる場合があります。